메멘토 모리

이어령 대화록 1

Dialogue Act 1

Memento mori

메멘토 모리

시대의 지성,
이병철 회장의 24가지 질문에 답하다

이어령 지음 | 김태완 엮음

열림원

.

아인슈타인에게 물었다.

죽음이 뭐냐고?

* 일러두기

인용한 성경 구절은 '개역개정 4판'(2010)을 따랐다.

서문

    메멘토 모리는 제 일생의 좌우명이 된 말입니다. 죽음을 생각하라는 라틴 말이죠. 하지만 저는 이미 여섯 살 때 토박이말처럼 이 말을 몸 전체로 느낀 적이 있어요. 나중에 어른이 되어 그때의 그 느낌이 바로 메멘토 모리라는 사실을 알고 다음과 같은 시를 발표한 적도 있습니다.

    목숨은 태어날 때부터
    죽음의 기저귀를 차고 나온다
    아무리 부드러운 포대기로 감싸도

수의壽衣의 까칠한 촉감은 감출 수가 없어
잠투정을 하는 아이의 이유를 아는가

한밤에 눈을 뜨면
어머니 숨소리를 엿듣던
긴 겨울밤
어머니 손 움켜잡던
내 작은 다섯 손가락

애들은 미꾸라지 잡으러 냇가로 가고
애들은 새 둥지 따러 산으로 가고
나 혼자 굴렁쇠를 굴리던 보리밭길

여섯 살배기 아이의 뺨에 무슨 연유로
눈물이 흘렀는가
너무 대낮이 눈부셨는가
너무 조용해 귀가 멍멍했는가

굴렁쇠를 굴리다 흐르던 눈물
무엇을 보았는가
메멘토 모리

훗날에야 알았네
메멘토 모리

— 「메멘토 모리」 전문

그런데 암과의 투병 중 어느 날 한 기자가 저를 찾아와 이
병철 회장이 죽음에 대면했을 때 신부님들에게 종교와 신과
죽음에 대해서 스물네 가지 질문을 했다는 말을 저에게 전했
습니다. 그에 대해서 신부님과 다른 입장에서, 오늘 똑같이
죽음에 당면해 병마와 싸우고 계신 이 선생님의 입장에서 답
변해주실 수 있을는지요, 하고 물었어요. 그 말을 듣는 순간
기자에게 내색은 하지 않았지만 제 입술에는 엷은 미소가 스
쳤습니다. 그 이유는 아주 간단했어요.

이병철 회장은 저와는 감히 겨룰 수 없는, 세계적인 유명
인사이고, 더구나 세상사에 대한 통찰력, 지식 그리고 지혜
등 많은 경륜을 쌓으신 분이셨습니다. 그런데도 미소를 띨
수 있었던 것은 적어도 메멘토 모리의 분야에 있어서만은 제
가 대선배라는 엉뚱한 자부심이 들었기 때문입니다.

여러 번 이야기해왔듯이 저는 이미 여섯 살 때 메멘토 모
리에 대한 질문을 던진 일이 있었던 거지요. 더구나 이병철
회장의 그 질문에 답변할 신부님들은 종교적인 큰 프레임 속

에서 일탈할 수 없는 입장이었겠지만, 저는 글 쓰는 사람으로서 더 자유롭게 그에 대한 답변을 이야기할 수 있는 글쟁이였기 때문입니다.

하지만 이병철 회장이 던졌던 그 질문에 답변하기 위해선 엉뚱한 자부심만으로 될 일이 아니라는 것을 곧 느끼게 되지요. 그 스물네 가지의 빅 퀘스천에 답변하기 위해선 엄청난 능력과 경륜이 없으면 안 된다는 것을 깨달은 것입니다. 더구나 그 신부님이 다름 아닌 제가 존경해왔던 정의채 몬시뇰이라는 사실을 알고는 경악하지 않을 수 없었지요. 거기에는 감히 제가 끼어들 자리라는 것은 손톱만큼도 없었던 것입니다. 기자의 제의를 아주 쉽게 성큼 수락한 것을 후회해봤자 이미 〈월간조선〉 편집진에 통보된 뒤의 일입니다.

그 뒤, 저는 병마와 싸우는 고통 이상의 고통을 받게 됩니다. 지적 오만에 대한 단단한 죄의 값이었지요. 다만 저에게 용기를 준 것은, 고 이병철 회장과 고 정의채 몬시뇰께서 주고받았던 문답은 이미 30여 년 전의 일이었고 제가 그에 대해서 글을 썼던 것도 벌써 3년 전의 일이 되고 말았기에, 그래도 제 나름의 군소리를 보탤 여지가 있다는 생각이 들었던 거지요.

때마침 코로나로 모든 한국인, 아니 전 세계 인류가 이병철

회장이 던졌던 스물네 가지의 질문과 똑같은 질문을 하고 있을지 모른다는 생각 때문입니다. 그런 연유로 이 책이 뜻하지 않게 코로나 팬데믹으로 고통받는 사람들에게 작은 위안의 서, 희망의 메시지가 될 수 있을지도 모른다는 기대감을 품고 이 책을 미진한 대로 여러분과 공유하는 것을 결단하기에 이른 것입니다.

그런데 때마침 〈국민일보〉의 요청으로 이 이병철 회장의 화두를 또다시 다듬고 정리하는 계기를 맞이하게 된 거지요. 단답 형식으로 제 생각을 정리할 기회를 얻게 된 것입니다. 그래서 이 책 내용을 요약한 형태의 머릿글로 게재하게 된 것입니다.

끝으로 3년 이상 수정을 거듭해오는 고통을 용케 참아주신 열림원 편집자 여러분에게, 특히 마지막으로 이 책을 꾸미는 데에 결정적인 역할을 해주신 김현정 주간, 구술한 내용을 정리해준 최연서 양에게 특별한 감사를 전하고, 이 책의 출간을 꾸준히 인내심 있게 기다려주신 정중모 사장에게 감사의 말씀을 드립니다.

2021년 12월
이어령

1

2021년 12월

이 선생은 "의문은 지성을 낳고, 믿음은 영성을 낳는다"고 했다. 그는 "질문은 의문이다. 그러나 물음표에 느낌표가 따르지 않으면 빈 깡통이 된다. 그리스인들은 그 느낌표를 얻기 위해 철학을 했다. 그리스 말로 '타우마제인(thaumazein, 놀라움)'이라는 게다. 물음표는 지성이고 느낌표는 감성이다. 나는 물음표와 느낌표, 그 문지방 사이를 아직도 헤매고 다닌다"고 말한다. 이 선생의 사유는 꼬리에 꼬리를 물었다. 다양한 이야기들이 현장에서 금방 건져올린 생선처럼 싱싱하다. 특히 인상적이었던 것은 "'신학'에서 니은(ㄴ)을 빼면 '시학(詩學)'이 된다"고 한 말을 기억한다. 신의 존재를 시학으로 언어의 기호로 보여주려고 도전하고 모험한다.

그래서 한국인은 물론 온 세계가 큰 재앙 속에 있는 오늘의 상황을 풀어보기 위해 이 선생을 찾아 그 지혜를 빌리고자 했다. 팬데믹으로 지치고 절망한 사람들을 대신하여, 병상에서 투병 중인 것을 알면서도 이 선생을 찾아가 인터뷰를 요청했다.

— 온 지구와 전 인류가 코로나 팬데믹으로 대재앙을 겪고있습니다. 종교가 현실적으로 그 구제의 역할을 할 수 있다고 믿으시는지요?

"이 불행 속에서도 우리는 오늘날 모든 현대인이 그동안 잊고 있었던 여러 가지 종교적 가치와 구제를 찾게 되었다고 봅니다.

첫째로, 인간의 능력으로 쌓아올린 문명과 문화가 얼마나 허망하게 무너지는가를 보았습니다. 쓰나미로 한 도시가 사라지는 것과는 비교가 안 되지요. 기독교에서 제일 큰 죄악이 '휴브리스(hubris)', 인간의 오만입니다. 그것을 우리는 깨닫게 된 것이지요. 그렇게 우리는 인간 문명이 얼마나 허약한지를 보았습니다.

둘째로, 우리는 생존의 수단 때문에 생명의 귀중함을 모르고 있었어요. 지금까지 우리는 세계 각국의 차이를 GDP의 숫자로 보여주었지만, 그것이 이제는 코로나의 발생 수와 사망자 수로 바뀌었습니다. 전 인류가 이 세상 모든 가치 가운데 생명 이상의 것이 없다는 것을 동시에 깨닫게 된 것이라 생각합니다. 그동안 인간은 죽는 존재이면서도 자기가 죽는다는 사실을 잊고 살아온 셈입니다.

셋째로, 특히 기독교 국가와 기독교인들이 가장 많은 시련을 겪었습니다. 기독교 문명의 본바탕인 유럽은 물론 한국에서도 많은 시련을 겪고 있다고 생각합니다. 꼭 중세 시대 페스트로 인해 기독교의 기반이 흔들리던 때와 같은 그런 위기를 맞이했다고 봅니다."

– 그렇다면 이 세 가지 문제 제기에 대해 구체적인 해답을 듣고 싶습니다.

"저는 그것을 '코로나 패러독스(corona paradox)'라고 부릅니다. 그 이름부터가 그렇죠. 코로나는 왕관이고 예수님과 천사들 뒤에 원처럼 비치는 원광입니다. 모든 사람이 존경하고 성스러이 여기는 것이고, 천사들의 것이지요. 이름부터가 익살맞지 않습니까? 자유의 여신상이 머리에 뭘 쓰고 있습니까. 뾰족뾰족한 것. 그게 코로나입니다. 자유의 여신상 머리 위에 뿔 돋은 것이요. 그게 바로 코로나인 셈이지요. 그런데 어떻게 이렇게 좋고 성스럽고 모든 사람이 우러러보는 그것이 우리를 괴롭히는 죄악의 팬데믹이 되고 가장 기피의 언어가 되었을까요.

이 코로나로 인해 전 인류가 현재 대재앙을 겪고 있지만, 역사적으로 보면 항상 대역병이 지나가고 나면 인구도 불어나고 그 이전보다 번영이 이루어졌습니다. 페스트도 그랬습니다. 이러한 패러독스를 가장 잘 보여준 것이 런던 인구 3분의 1이 희생당한 1665년의 페스트고, 엎친 데 덮친 격으로 다음 해 런던 대화재가 일어납니다. 그런데 어떻습니까. 그 이후 애덤 스미스의 『국부론』을 비롯해 쟁쟁하고 왕성한 지식인의 활동과 산업혁명, 그리고 '팍스 브리태니카(pax britannica)'로 영국이 전 세계를 지배하는 시대가 도래했어요. 런던만이 아닙니다. 페스트라는 재앙의 마지막 종착지였던 파리 역시도 페스트가 지나간 뒤 모든 면에서 이전보다 발전, 유럽의 문화 중심지로 화려한 꽃을 피웁니다. 이것이 바로 팬데믹의 패러독스입니다.

저는 이 패러독스의 마지막이 기독교라고 생각해요. 오늘날 불신받고 쇠퇴해가는 기독교에 생명의 가치를 일깨우고 인간의 오만과 그로 인한 재앙을 극복했던 그 힘을 되살려내는 희망입니다. 이는 '크리스처니티(christianity)'가 새롭게 해석되고 기독교에 새로운 시대가 열리게 되는 기회라 생각합니다. 흔한 말로 '위기는 기회다'. 기독교에 늘 있어온 일 아닙니까. 핍박받았잖아요. 교회는 지금도 핍박받고 있습니다. 마치 코로나를 옮기는 병의 온상처럼 인식되고 있으니까요. 교회는 늘 사람이 많이 모이니까 병만 옮긴다고 예배도 못하게 핍박을 받지 않습니까."

　- 화제를 좁혀보면 인간의 오만과 코로나 패러독스가 구체적으로 우리에게 던져주는 질문이 있을 것 같습니다. 부와 명예와 권세를 한 몸에 지녔던 이병철 회장께서 죽음의 문제와 대면하셨을 때 던진 질문이 그것이지요. 그때 던진 질문들이 지금 포스트 코로나를 살아가는 모든 사람에게 똑같이 우러나오는 궁금증일 것 같습니다. 죽음에 직면한 이병철 회장이 가톨릭 신부님께 여쭈었던 스물네 가지 질문을 다시 새롭게 요약 정리해서 묻겠습니다. 이번에는 당사자들인 신학자도 교직자도 아닌 한국의 대표 지성에 여쭈려 합니다. 비교적 자유로운 입장이시니 어떤 가설이나 개인적 의견이라도 우리에게 전해주실 수 있을 거라고 믿기 때문입니다.

　"이 큰 질문을 어찌 이 자리에서 다 답변할 수 있겠습니까. 그러나 명약관화라는 말이 있듯이 진실하다면, 그것이 진리라면, 사자성어로 요약하듯 짧은 답변도 가능할지 모릅니다. 하지만 불행히도 저에게는 그런 능력이 없습니다. 다만 글을 쓰는 자유로운 사람이니 비유, 스토리텔링, 상상력, 추리력을 바탕으로 이야기해볼 수 있지 않을까 생각합니다."

***

질문 1 하나님의 존재를 어떻게 증명할 수 있나요?

하나님이라는 말을 부모님이라고 바꿔봅시다. 우리가 부모의 존재를 어떻게 증명할 수 있나요. 또 하나님이라는 말을 그 흔한 여친이라는 말로 바꿔보세요. 여친의 존재를 어떻게 증명할 수 있나요. 우리는 지금까지 부모님을 믿고 살아왔지 정말로 나를 낳아주셨는지 나를 사랑하시는지 의심해온 경우는 거의 없어요. 여친도 만나는 동안 한 번도 그 사랑을 의심하거나 거짓이라고 생각하지 않고 믿었기 때문에 관계가 이어진 거예요.

그런데 부자지간이나 연인 사이에 증명이라는 말이 나오면 이미 그건 끝난 이야기예요. 어느 날 아들이 "어머니 아버지가 정말 저를 낳으셨는지, 저를 사랑하고 계시는지 증명해보십시오"라고 한다면 "DNA 감정을 해주십시오"라는 말이 되고 지금까지 저를 사랑하신 것을 믿지 못하겠다는 얘기가 되기 때문에 이미 그 부모 자식 관계는 파탄 난 것입니다. 연인 사이도 똑같아요. 서로 사랑하는 사이에 어느 날 차를 마시면서 "네가 나를 정말 사랑하는지 증명해" 하면 그 관계는 끝이 난 거예요.

제가 드리고 싶은 말씀은 부모 자식 관계가 그렇고 연인 사이가 그런데 하물며 하나님과 나와의 관계는 어떻겠는가 하는 것입니다. 하나님과 나와의 관계는 증명하는 관계가 아니라 믿음의 관계고 하나님은 믿음의 대상이지요. 그것이 바로 가족의 사랑이고 남녀의 사랑이고 종교에서 말하는 믿음과 사랑으로 이루어진 신앙의 세계라고 생각합니다.

– 하지만 믿지 않는 자도 버릴 수는 없는 것 아닙니까. 아무리 파탄 난 관계라 하더라도 그 아들, 그 여친을 그냥 버릴 수는 없지 않습니까. 증명할 수 있다면 그들의 요구대로 증명해 보이면 되지 않을까요?

"이미 도마가 똑같은 질문을 했어요. 내 눈으로 보지 아니하고 손으로 만져보지 않고는 예수님의 부활을 믿지 못하겠다고 했을 뿐만 아니라 실제로 예수님이 나타났을 때도 증명해 보이라고 했지요.

여기서 우리가 짚고 넘어가야 할 것은, 증명은 우리가 하는 게 아니라 신이 하는 것이라는 점입니다. 증명은 하나님이 하실 일입니다. 인간이 어떻게 신을 증명할 수 있겠어요. 예수님은 옆구리의 창 자국과 손의 못 자국으로 도마의 회의에 대해 증명해 보였습니다. 부활을 증명해 보였어요. 증명의 몫은 전지전능한 신보다 지능에 한계가 있는 인간이 할 일이 아닙니다.

실제로 칸트, 데카르트 등 많은 학자, 수학자, 과학자가 신의 존재를 증명하려 애썼어요. 자신이 유발 하라리가 얘기하는 호모 데우스가 된 것처럼 말입니다. 예수님께서 신을 증명하려고 한 회의론자에게 직접 하신 말씀을 그분들에게 들려주면 됩니다. '너는 나를 본 고로 믿느냐 보지 못하고 믿는 자들은 복되도다 하시니라(요 20:29)'라고요."

질문 2 하나님은 왜 자신의 존재를 똑똑히 드러내지 않을까요?

기독교에서는 종교를 '릴리전(religion)'이라고 합니다. 끊어진 끈을 다시 잇는다는 뜻이지요. 또 한편으로는 정독하여 자세히 읽는다는 뜻도 있다고 합니다. 인간과 하나님의 관계는 원죄로 인해 끊어진 관계입니다. 지금 우리가 사는 이 실낙원이라고 하는 현실에서, 추방당한 인간은 그 끊어진 관계가 다시 회복되어야지만 하나님을 똑똑히 볼 수 있습니다.

사람들은 흔히 육백만 유대인을 학살한 아우슈비츠를 보고 그때 대체 신은 어디 있었냐고 하지만, 직접 그 수용소에서 생활한 빅터 프랭클이 쓴 『밤과 안개』를 보면 신은 오히려 아우슈비츠 같은 지옥의 극한상황에 똑똑히 나타난다는 겁니다.

극한상황 속에서는 착한 사람이 악인이 되고, 악인이라고 믿었던 사람이 착한 사람이 되지요. 먼 예를 들 필요도 없어요. 요즘 세계적으로 화제가 된 드라마 〈오징어 게임〉 그대로입니다. 극한상황에 놓였을 때 모든 사람이 진짜 자신의 모습을 드러내고, 신도 그 모습을 똑똑히 드러내 보입니다.

그러니까 하나님이 자신의 존재를 똑똑히 드러내지 않는 게 아니에요. 극한상황 속에서 릴리전, 끊어진 관계가 다시 이어지지 않으면 보이지 않을 뿐입니다.

질문 3 하나님은 우주 만물의 창조주라는데 무엇으로 증명할 수 있습니까?

증명에 관해서는 앞의 질문에서 이미 말했습니다. 다만 하나님이 우주 만물의 창조주라는 것에 관해서만 덧붙이겠습니다. 창조주가 없다면 우주 만물도 없을 것입니다. 하지만 현재 우주 만물은 있지요. 그것도 그냥 있는 것이 아니라 몇 월 며칠이면 어느 별이 어느 위치에 오고 태양과 지구의 위치가 어떻게 되고 모든 것을 예측할 수 있습니다.

우주에는 우연이라고 볼 수 없는 수학적·물리적 질서가 있어요. 그것을 기획하고 만든 창조주가 없다면 질서가 있겠습니까. 우주 만물이 존재하는데 그 만물에 속성과 질서가 없다면 그것은 우연의 결과요 창조주도 없는 것입니다. 하지만 만물에 속성과 질서가 있다면 어떤 신이든 그것은 그에 의해 기획된 결과지요.

갈릴레오는 지동설을 이야기했지만, 결코 신을 부정하지 않았습니다. 오히려 천체 자체를 하나님이 쓴 또 하나의 바이블로 여겼어요. 모든 우주의 질서에서 하나님 말씀을 발견하고 읽어낸 것이에요. 우주, 자연 자체가 또 하나의 성경이 되었던 것입니다. 그 자신에게는 그것이 우리가 읽는 성경보다 더 진짜 성경 같았던 거예요.

뉴턴도 만유인력을 발견하고 우주 만물이 단순히 우연에 의해 운영되지 않고 치밀한 질서를 가지고 있다는 것을 깨달습니다. 그리고 거기에서 신의 존재를 느끼지요. 그래서 인력을 단순히 물리 현상이 아니라, 창조주께서 만드신 사물들이 가까워지려고 하는 사랑이요 친화력이라고 보았던 겁니다.

질문 4 생물학자들은 인간도 오랜 진화의 산물이라고 하는데 신의 인간 창조와 어떻게 다른가요? 인간도 생물도 모두 진화의 산물 아닌가요?

진화 자체가 신의 프로그램이라면 어떻게 반박할 수 있을까요. 창세기를 보면 하늘과 땅이 갈라지고 동식물이 생기고 인간이 제일 마지막에 만들어집니다. 이 모든 게 진화 과정과 거의 다를 게 없어요. 창세기에서 인간이 제일 마지막에 만들어지는데 진화론도 인간이 제일 뒤에 만들어지잖아요.

태초의 빅뱅, 혼돈 속에서 하늘과 땅이 갈라지는, 물질과 에너지가 나누어지는 순간입니다. 이후 모든 진화 과정이 그 자체로 신의 섭리요 기획이라면 어찌 반박할 수 있을까요. 혼돈에서 질서로, 그것이 바로 창조입니다. 진화도 마찬가지예요. 오늘날 DNA를 연구하는 생물학자들은 이구동성으로 말하고 있습니다. 단지 '신'이라고 직접 말하지 않고 '섬싱 그레이트(something great)'라는 표현을 쓸 뿐이지요.

기독교에서 이야기하는 인간이 실낙원(失樂園, paradise lost)에서 복낙원으로 가는 과정을 진화론과 대비해 더 구체적으로 풀이해볼까요. 초기 진화론자들은 진화의 원리가 먹고 먹히는 포식(捕食) 관계에 있는 줄로 알았습니다. 그런데 진화론 자체가 더 진화하더니, 그 원리가 포식 관계가 아닌 미셸 세르(Michel Serre, 1930~2019)가 말한 것 같은 기생(Le Parasite) 관계, 숙주와 기생물의 관계에 있다는 걸 알게 되지요. 그런데 최근 학계에서 수없이 부정되고 거절되어온 린 마굴리스(Lynn Margulis, 1935~2011)의 포식도 기생도 아닌 '심바이오시스(symbiosis)', 공생 이론이 인정을 받게 됩니다. 바로 그것이 우리가 잘 알고 있는 미토콘드리아 이론이지요. 초기 기독교인들이 함께 나누고 서로 도와주면서 산다는 '코이노니아(koinonia)'와 같은 얘기지요.

기독교에서 말하는 최고의 가치가 무엇입니까. 심바이오시스, 공생이지요. 이웃을 사랑하고 서로 도우라고 하잖아요. 즉 진화의 원리는 포식과 기생이 아닌 공생으로, 기독교적 가치관과 다를 게 없습니다. 참고로 린 마굴리스는 기독교 신자도 아니에요.

질문 5 언젠가 생명합성과 무병장수의 시대도 가능할 것 같습니다. 이처럼 과학이 끝없이 발달하면 신의 존재도 부인되는 것이 아닌가요?

30여 년 전에 했던 이 회장의 질문은 오늘의 바이오기술 BT, 나노와 로봇의 NT, RT 그리고 AI 시대를 예견한 것 같습니다. 하지만 너무 복잡한 문제라 차라리 한 편의 우스개 이야기로 답하는 편이 좋을 듯합니다. 어느 날 초능력 AI 로봇이 신에게 도전합니다. "당신이 만든 인간과 내가 만든 인간, 어느 쪽이 더 우수한지 내기를 해봅시다." 그러자 하나님이 웃으시면서 "어디 한번 해봐라" 하고 말해요. AI 로봇은 하나님이 인간을 만들 때처럼 흙을 모아 반죽을 하려고 합니다. 그러자 하나님께서 "잠깐, 내가 만든 흙에 손대지 마. 흙도 네가 만들어"라고 했어요.

로봇을 만드는 금속, 플라스틱 같은 원자재들은 모두 어디에서 왔어요? 지구에 있는 모든 원자재는 하나님께서 지으신 것이지요. 우리에게 주신 창조주의 선물이에요.

질문 6 하나님이 인간을 사랑한다면 왜 고통과 불행과 죽음을 주는 걸까요?

인간의 고통과 불행은 신이 준 게 아니라 따 먹지 말라는 선악과(善惡果)를 범하여서 인간이 스스로 받은 벌입니다.

뱀이 뭐라고 했나요? 너도 저 선악과를 따 먹으면 신처럼 눈이 밝아지고 지혜로워진다고 했습니다. 뱀의 말은 사실이었어요. 선악과는 지식의 나무, 신만이 가지고 있는 지혜와 선악의 판단을 얻게 되는 나무입니다.

그러니까 선악과를 따 먹었다는 건 인간이 피조물이면서 조물주가 되려고 한 거예요. 이를테면 아들이 아버지가 되려고 한 것이나 다름없지요. 아버지가 나를 낳아줬는데 내가 아버지가 된다고요? 그건 패륜이지요.

내가 만든 물컵이 인간처럼 의식을 갖게 된다면 어떤 일이 벌어질까요. "나에게 물 따르지 마. 날 왜 깨지도록 만들었어. 나를 왜 쟤보다 작게 만들었어." 내가 만든 물컵이 인간과 같은 의식을 가지고 불평하기 시작할 것입니다.

피조물이 조물주와의 관계를 부정하고 뛰어넘으려 할 때 세계는 암흑과 혼돈의 세계가 됩니다. 그것이 바로 오늘날 인간이 만든 불완전한 문명에서 오는 고통입니다.

– 최후의 심판을 내리시는 하나님, 착한 자와 자기를 믿는 자만 구하시는 하나님은 인간에게 오히려 구제가 아니라 무서운 하나님으로 비칠 수도 있지요. 인간을 정말 사랑하신다면 신께서 그렇게 가혹히 벌을 주실까요?

"이에 관해서는 그 유명한 도스토옙스키의 『카라마조프

가의 형제들』속 일화로 답해보겠습니다. 완벽한 성인이라고 칭송받던 조시마 장로가 죽습니다. 그런데 성자는 죽어도 썩지 않는다고 믿었는데 시체가 썩는 거예요. 그래서 그를 따르던 수도사 알료샤가 큰 절망에 빠져 매춘부 그루센카를 찾아가요. 처음으로 탈선을 결심한 겁니다. 그때 그루센카가 하나님은 성자뿐 아니라 악한 자도 버리시지 않는다고 얘기해요.

나쁜 짓만 하던 사람이 길 가다 목마른 사람에게 파 뿌리 하나를 뽑아줍니다. 그리고 지옥에 가니 하나님이 불쌍히 여겨 파 뿌리 하나를 내려 지옥에서 구제해주려고 합니다. 하나님은 성자고 악인이고 다 포용하려고 해요. 인간이 끝내 그것을 받아들이지 못하는 거죠. 그런 깨달음을 얻고 알료샤가 다시 장로의 빈소로 돌아옵니다. 그리고 잠깐 졸게 되지요. 그때 꿈속에서 가나의 결혼식처럼 천국에 큰 잔치가 열린 겁니다. 보니까 조시마 장로도 있어서 '성자님, 그러면 그렇지 천국에 가셨네요!' 하고 기뻐하는데 장로가 '너도 빨리 와!' 하는 거예요. 그래서 알료샤가 '저는 착한 일은 아무것도 한 일 없어 못 가요' 하고 말해요. 그걸 들은 장로가 뭐라고 했을까요? '여기 있는 사람들 다 파 뿌리 하나야, 어서 와.'

하나님은 벌하는 하나님이 아니에요. 끌어안고 포용하는

게 하나님의 본질이지요. 재판하고 벌하는 그런 이미지는 다 예수님 이전의 옛날 이미지죠. 오늘날 작가, 신학자 모든 사람이 생각하는 신은 심판하는 무서운 신이 아니라 우리를 구제하려는 사랑의 신이지요. 예수님의 출현입니다. 곁에 있는 신이에요. 저의 『어느 무신론자의 기도』도 그렇게 쓴 거예요. 옆방에서 기침 소리가 들릴 정도로 아주 가까이에 계신 외로운 하나님. 그게 릴케와 나 자신이 생각하고 있는 하나님이십니다. 그런데 아직 무서운 신, 주먹 쥔 신, 심판하는 하나님만 자꾸 생각해요. 그건 다 예수님이 오시기 전 구약 시대의 신관(神觀)입니다.

'그때에 베드로가 나아와 이르되 주여 형제가 내게 죄를 범하면 몇 번이나 용서하여 주리이까 일곱 번까지 하오리이까/예수께서 이르시되 네게 이르노니 일곱 번뿐 아니라 일곱 번을 일흔 번까지라도 할지니라(마 18:21~22).' 하나님은 용서하는 하나님이에요. 일흔 번까지라도 용서하는 그것이 인간을 사랑하는 하나님의 마음입니다."

질문 7 하나님은 왜 히틀러나 스탈린 그리고 갖은 흉악범 같은 악인을 만들었을까요?

이 질문을 히틀러에게 해보세요. "하나님은 왜 유대인 같은 악인을 만들었는가?" 하고 역으로 질문할 것입니다. 그리고 "하나님을 대신해서 내가 악인을 죽였노라" 말할 거예요.

남북전쟁에서 남군과 북군이 기도할 때 뭐라고 할까요? 분명 "내가 상대하는 적은 모두 악인이오니 반드시 내가 오늘 전쟁에서 이기게 하소서" 하고 얘기할 거예요. 남군이고 북군이고 똑같이 믿는 기독교의 하나님에게 서로 이런 기도를 하면 하나님이 누구 편을 들어야 하겠습니까.

그런데 만일 남군과 북군이 동시에 하나님을 느끼고 그 사랑과 평화의 품에 안긴다면 어떤 일이 벌어질까요. 실제로 제1차 세계대전 때 독일군과 영국군 사이에 일어났던 기적과 같은 일이 벌어질 겁니다. '노 맨스 랜드(No man's land)', 경계선을 사이에 두고 참호 속 서로 대치하고 있었던 군인들이 함께 크리스마스를 맞이한 것처럼요.

독일군이 캐럴을 부르고 촛불을 켤 때 그 소리를 듣고 영국군들이 참호 속에서 뛰어나와 함께 캐럴을 부릅니다. 그러자 독일군도 전쟁을 잊고 참호 속에서 기어 나와요. 함께 춤추고 노래하고 서로 이야기를 나누며 전쟁은 휴전과 같은 화해의 무드로 바뀌게 됩니다.

물론 그것은 오래가지 않았지만 분명한 기적이었지요. 그들이 같은 기독교 문화를 공유하였기에, 어린 시절 촛불을 켜고 캐럴을 부르며 하나님을 맞이했던 평화의 기억이 있었기에 그런 엄청난 기적이 가능했던 것이에요. 공감의 신이 전쟁의 신보다 크고 강했던 것입니다.

질문 8 예수님은 우리의 죄를 대신 속죄하기 위해 죽었다는데 우리의 죄란 무엇인가요?

지금까지 앞에서 다 다루었어요. 피조물이 조물주가 되려고 한 것. 휴브리스, 인간의 오만, 그것을 원죄라고 하지요. '오리지널 신(original sin)'은 무얼 훔치는 것 같은 개인이 저지르는 죄를 의미하는 게 아니에요. 우리 사회 전체 시스템에 내재하는 문명과 사회 자체에 죄가 있다는 겁니다.

부족한 인간이 마치 전능한 신처럼 지식과 지혜를 갖고 선악을 판단하려고 하는 그것이 바로 원죄예요. 원죄에서 벗어나는 사람은 없어요. 우리는 다 자기가 옳다고 생각하고, 지혜를 가졌다고 생각하며, 남을 심판하려 하니까요.

질문 9 하나님은 왜 우리로 하여 죄를 짓게 내버려두었나요?

그걸 자유의지라고 합니다. 하나님은 다른 짐승들과 달리 인간만 자신과 가까운 모습으로 만들었어요. 흙을 빚어 그 안에 숨을 불어넣는 것. 흙은 육체요, 숨은 성령, 스피릿입니다. 오직 하나님이 흙에다 불어넣은 영, 그게 자유의지예요.

다른 짐승들에게는 주지 않았어도 인간에게는 준 것. 하나님은 인간이 선악과를 따 먹지 못하게 물리적 장치를 하지 않았어요. 그저 스스로의 의지로 따먹지 말아라, 하고 말했을 뿐이죠.

질문 10 성경은 어떻게 만들어졌나요?

인터넷 위키피디아만 검색해도 알 수 있는 이야기를 오컴의 면도날을 빌려 그 얼굴을 가리고 있는 수염을 대담하게 깎아 그 민낯을 보십시다.

성경은 알다시피 아람어를 히브리어, 그리스어로 옮긴 거예요. 그리고 그것을 다시 라틴어로 옮기고, 또다시 각 나라 말로 옮긴 것이지요. 성서 무오류설이란 그 진리에 오류가 없다는 것이지 번역된 자구 하나하나가 절대라는 것이 아닙니다.

성경도 저마다 기술해놓은 것이 다 달라요. 똑같은 관용성

메멘토 모리

34

서이지만 기술자가 누구냐에 따라서 다 달라집니다. 그리고 그 다름을 그대로 남겨두지요. 그래서 우리는 성경을 믿는 거예요. 한 사람에 의해 고쳐지거나, 인간의 논리에 앞뒤가 맞게 편찬되었다면, 그것은 하나님의 말씀이 아닌 게 돼요.

불완전한 인간이 하나님 말씀을 들으면 저마다 다르게 듣는 수밖에 없어요. 다만 그것을 정직하게 옮길 수 있어야 합니다. 자신이 들은 대로 옮기는 것이지 내 마음대로 고치는 게 아니에요. 신약의 경우가 특히 그렇지요.

질문 11 성경이 하나님의 말씀이라는 것을 어떻게 증명할 수 있나요?

자, 성경은 하나님의 말씀이지만 인간의 언어, 그것도 인간이 만든 문자로 기록되었습니다. 우리는 '밥'이라고 하지만 어린아이는 '맘마'라고 해요. 이처럼 성경은 하나님의 말씀이 인간의 언어로 번역된 것입니다.

니고데모가 "예수님, 당신이 하나님의 아들 그리스도라는 것을 나는 믿습니다. 제가 어떻게 하면 되겠습니까?" 물으니 예수님이 "거듭나거라" 얘기해요. 그러자 니고데모가 "제가 나이가 몇인데 어떻게 어머니 속으로 다시 들어가 태어날 수가 있겠습니까"라고 말하지요. 그때 예수님은 "네가 사람의 말로 이야기해도 못 알아듣는데 하물며 하나님의 말씀은 어떻게 알아듣겠느냐(요 3:2~4, 12)"고 답답해하십니다. "거듭 나거라." 이것은 비유로 얘기한 것입니다. 진짜 다시 자궁에 들어갔다가 나오라는 얘기가 아니에요.

성서에는 인간의 말 뒤로 반드시 하나님의 말씀이 숨어 있어요. 우리는 이를 통해 비유의 참뜻을 짐작할 수밖에 없어요. 그걸 해석할 수 있는 사람들이 목사님, 신학자들이고 종교의 연구가들입니다. 보통의 사람들은 니고데모처럼 알아듣지 못해요. 거듭나라고 하면 말 그대로 진짜 자궁에 들어 갔다가 나오라는 것인 줄 압니다.

계속 증명이라는 말이 나오는데 처음 했던 얘기를 기억하시지요. 믿지 않으면 성경 구절은 하나도 택할 게 없습니다. 저도 어렸을 때는 성경을 문자 그대로 읽었어요.

대홍수 때 노아의 방주에 모든 생물을 칸막이로 나누어 쌍쌍이 집어넣었다고 해요. 토끼 같은 초식동물이야 풀을 먹고 살겠지만, 그 안의 사자, 호랑이 같은 육식동물은 무얼 먹고 살까요? 토끼를 잡아먹지 않겠어요? 더군다나 물고기는 물난리를 피해 노아의 방주에 들어오면 도리어 죽어요.

또 창세기에 인간이라고는 아담, 이브, 카인, 아벨밖에 없는데, 카인이 아벨을 죽이고 이마에 표식을 받으니 다른 사람이 보고 나를 해치면 어쩌냐고 물어요. 이제 사람도 자기까지 세 사람밖에 없는데. 이런 식으로 성경을 읽으면 하나도 믿을 말이 없습니다.

지구와 공은 크기나 기능이나 비교도 안 되지만 구조적으로 보면 똑같은 구체입니다. 그런 구조적 관점에서 창세기의 제1창조는 첫째 날, 둘째 날, 셋째 날로 시간을 분절(分節)한 거고요. 제2창조 노아의 방주는 한 칸, 두 칸으로 공간을 분할(分割)한 것이죠.

나누어지지 않은 것은 '카오스(chaos)', 혼돈이죠. 즉, 카오스에서 시간과 공간으로 분절되어 있는 코스모스로 창조된 질서를 구조적으로 보여준 것이에요.

그러므로 성경을 자구대로 직역하거나 멋대로 의역할 수 없는 번역 불가능한 영역이 존재하지요. 그것이 바로 마귀가 돌덩이를 예수님께 보이면서 이것을 빵으로 만들라 한 구절이에요. 널리 알려진 이 구절에서 우리는 빵을 떡이라고 번역했지만, 그것은 결과적으로 정반대의 의미를 갖게 된 거예요.

주기도문에서 "오늘 우리에게 일용할 양식을 주시고"의 '양식'은 원문에는 분명 '일용할 빵', '데일리 브레드(daily bread)'로 되어 있지요. 그러니까 일용할 양식을 환유(제유법)로 나타낸 것이지요. 근데 그걸 떡이라고 해봐요. 떡을 주셔서 감사합니다? 빵은 늘 먹는 거지만, 떡은 어쩌다 먹는 거예요. 그래서 예기치 않은 횡재를 보면 우린 "이게 웬 떡이야!" 하잖아요. 원래 의미대로라면 오히려 '밥'이라고 해야 할 거예요.

서양의 빵과 우리의 떡은 거꾸로라고 봐야 해요. 형태는 비슷해도 빵과 떡은 전혀 의미가 반대예요. 빵은 불로 구운 거고, 떡은 물로 찐 거예요. 제조 방법부터 달라요. 시루떡이라고 하잖아요. 저쪽에서는 오븐에다 굽는 거고, 우리는 시루에다 찌는 거지요. 그런데 그렇다고 밥이라고 번역하면 될 일일까요?

안 되지요. 빵과 떡은 돌덩이와 외형이 비슷하니까 납득이 되잖아요. 빵과 떡은 그 자체로 하나의 고체지만, 밥은 개개의 밥알들이 모인 것이지요. 그래서 밥알들을 뭉쳐놓은 밥은 돌덩이와 전혀 비슷한 점이 없어요. 밥이라고 하려면 마귀가 돌덩이가 아니라 모래를 퍼주면서 "이것을 밥으로 만들어라" 하고 말해야 해요. 아예 성서에 나오는 마귀가 한 말을 바꾸지 않으면 성립이 안 돼요.

우리는 오랫동안 빵을 떡이라고 함으로써 이 구절을 정반대의 의미로 읽어온 거예요. 제가 여러 번 이 구절을 지적했듯이 형태를 따르자면 떡이라고 해야 하고, 의미를 택하자면 밥이라고 해야 하니 차라리 '빵떡'이라고 하는 수밖에 없을 것이라고 반 농담으로 말한 적이 있어요.

실제로 목사님이, 예수님께서 "사람은 떡만으로는 살지 못하느니라"라고 하자 시골 할머니가 그랬다잖아요. "별 싱거운 소리 다 듣겠네. 당연하지. 떡만 먹고 어떻게 살아, 밥을 먹어야지." 여기서 이 '떡'이라는 번역이 오역이라는 사실이 여실히 드러나는 것입니다.

질문 12 종교란 무엇인가요? 왜 인간에게 필요한가요?

모든 것을 이룬 사람이 있다고 칩시다. 성공해서 더 이상 바랄 것이 없는 기업인, 세계의 모든 것을 알게 된 과학자, 모든 것을 성취한 이들도 알지 못하는 것, 바로 죽음이에요.

세상 아무리 위대한 사람도 다 죽었어요. 그들 중에 죽음이 뭔지 알고 죽은 사람은 아무도 없습니다. 죽음이 두렵지도 않고 관심도 없다면 종교는 없을 것이에요. 하지만 누구나 죽음을 두려워한다면 그 종교의 이름이 무엇이라도 마지막 질문은 죽음에 관한 것이 될 것입니다.

이병철 회장 또한 묻고 있지 않습니까. 한국에서 그보다 더 기업으로 성공을 거둘 수가 있을까요. 그런 그조차 질문하고 있어요. 바로 그 질문 속에 종교의 필요성이 있는 것입니다.

신을 부정하는 사람들도 그 필요성을 인정하는 경우가 많습니다. 칸트는『순수이성비판』에서는 신의 존재를 부정했지만,『실천이성비판』에서는 그 필요성을 인정하였지요.

질문 13 영혼이란 무엇입니까?

저는 이미 찻잔 하나로 이야기한 적이 있어요. 찻잔을 만드는 물질은 인간의 육체에 해당해요. 플라스틱 컵이면 플라스틱, 유리컵이면 유리. 우리의 육체도 그 컵들의 질료처럼 우리의 몸뚱이를 이루는 물질인 거예요.

그런데 컵과 그릇은 무엇을 위해 존재하나요. 그들은 무언가를 담기 위해서 존재합니다. 컵의 본질은 무언가 담는 것이고, 무언가 담으려면 비어 있어야 합니다. 컵의 본질은 유리나 플라스틱 같은 물질에 있는 게 아니라 비어 있는 성질에 있어요. 비어 있지 않으면 컵에 무엇을 담겠습니까. 아무 역할도 못 해요. 비어 있는 게 그릇의 본질입니다. 그 빈 공간을 '보이드(void)'라고 해요.

그런데 제가 빈 컵에 커피를 따르면 커피잔, 물을 따르면 물잔이 되어 빈 공간이 없어져요. 그러면 이 컵은 더 이상 다른 것을 담을 수가 없지요. 이미 무언가 담겨 있으니 더 담을 수 없어요. 그게 '마인드(mind)'예요. 컵과 그릇 물질 자체는 '보디(body)'입니다. 만약 유리컵이 깨지면 담고 있던 액체도 사라지고 아무것도 남지 않아요. 보디도 마인드도 없어집니다.

하지만 텅 비어 있던 공간, 그것은 어디로 갔을까요. 깨졌나요? 없어졌나요? 아닙니다. 그대로 남아 있어요. 그 비어 있는 공간은 저 은하계, 빅뱅이 일어난 저 우주와도 통하고 있지요.

상상해보세요. 우주도 비어 있으니까 우리가 달나라도 가고 하는 것 아니겠어요. 그릇은 보디, 그릇을 채우는 욕망이 마인드. 그릇이 깨지면 담겨 있던 게 다 쏟아지듯, 죽으면 육체도 욕망도 다 없어집니다. 깨지고 쏟아져도 남아 있는 빈 공간, 모든 그릇의 비어 있는 부분, 보이드. 그게 스피릿이에요.

스피릿은 우주의 것이지요. 내가 죽어도 내 안에 있던 우주의 스피릿은 남아 있어요. 그래서 영성이 중요한 거예요. 몸뚱이도 내 것이고 마음도 내 것이지만 영혼만은 내 것이 아니에요.

– 실제로 이 세상에서 그 우주와 통하는 특수한 공간을 컵 말고 다른 곳에서도 찾아볼 수 있나요?

"네, 있지요. 바로 어머니의 자궁 속이에요. 그곳은 세상과 단절되어 있어요. 세상과 통하는 곳에서 아기가 자라면 큰일이지요. 죽어요, 유산이에요. 그렇게 이 세상하고는 아무 관계도 없이 열 달 동안 자궁 속에서, 우주의 보이드 속에서 자라납니다. 그러다 알아서 태어나요. 아이는 어머니가 낳으려 한다고 나오는 게 아닙니다. '아이가 나오려 해요' 그러잖아요.

어머니의 자궁 안에서 알아서 자라고 생일날까지 다 받아서 나오는 것이지요. 이게 바로 어머니의 자궁과 우주의 보이드가 통해져 있다는 증거예요. 이것을 플라톤은 '코라 (chora)'라고 했어요. 아무것도 없는 거기가 바로 생명의 공간이요 창조의 공간입니다."

질문 14 종교의 종류와 특징은 무엇입니까?

보세요. 물질적 현실은 다 똑같아요. 각설탕은 모양도 맛도 똑같아요. 그런데 그 각설탕을 아이들에게 줘보세요. 어떤 애는 그걸 먹어버리지만 어떤 애는 그걸 가지고 놀아요. 바벨탑처럼 쌓거나 집을 짓기도 하고, 레고처럼 임기응변해서 여러 가지 형태를 만들어내요. 구축하는 것이지요. 그리고 아이들 저마다 달라요. 먹는 것은 같아도, 가지고 노는 것은 신기하게 다 달라요. 하나님도 신도 사각형의 흰 각설탕 안에 존재하는 게 아니라 그것을 구축하는 아이의 영혼, 마음속에서 나타나는 거예요.

그러니까 종교적 영역은 지성의 영역이 아니라 영성의 영역입니다. 영성이 뭔지 모르겠으면 (인간 욕망의) 가장 밑에 있는 '에로스(eros, 관능적 사랑)'의 사랑을 생각해봐요. 사랑하는 이를 위해 '정말 죽어도 좋아!'라고 목숨까지 걸잖아요. 보다 높은 단계에 가려면 가장 아래 단계에서부터 사다리 꼭대기까지 올라가게 되는데, 사다리에 걸려 있는 지붕 너머는 허공이야. 여기까진 발을 디딜 곳이 있는데 그 위에는 비어 있죠. 그거(허공)를 밟고 올라가느냐 안 올라가느냐는 믿음밖에 없는 거지요. 디뎠는데 없으면 떨어져 죽는 것이고……디뎌서 올라갈 수 있다면 그때부터 상승하는 것이죠.

종교도 마찬가지예요. 지하철 입구가 하나가 아닌 것처럼 종교도 여러 가지 종교가 있습니다. 불교면 불교, 기독교면 기독교라는 여러 입구가 있는 거지요.

어느 구멍이든 일단 들어가면 지하철처럼 서로 다른 방향을 향하는 열차 두 대가 있을 겁니다. 우리는 그 서로 다른 노선을 천국과 지옥이라고 하는 것 같아요. 그런데 마치 해리포터 9와 4분의 3 승강장처럼, 애초에 타려고 했던 노선과 전혀 다른 미지의 통로가 나타나는 거예요. 이것이 바로 계시입니다.

법학 공부를 위해 떠났던 마틴 루터는 벌판을 지나다가 강력한 벼락을 만나 죽음의 공포를 느껴요. 광부의 아들인 그는 성모 마리아의 어머니 성 안나에게 "성 안나여, 저에게 힘을 주소서. 그렇게 하신다면 저는 수도자가 되겠습니다"라고 기도합니다.

두려움 속에 무의식적으로 나온 기도와 약속, 바로 그것이 개신교에서 종교개혁을 이룩하려고 했던 마틴 루터가 처음으로 위대한 하나님을 맞이하는 입구가 된 것입니다. 애초에 그는 종교개혁을 하려던 꿈도 꿔본 적이 없고 오로지 법학 공부를 하려던 것인데 말이지요.

질문 15 기독교를 믿지 않고는 천국에 갈 수 없나요?

기독교를 믿지 않으면 천국에 갈 수 없다고 성경 어디에 쓰여 있는지 나는 아직 모릅니다. 내가 알고 있는 것은 성경에 나오는 착한 사마리아 사람의 이야기입니다. 사마리아 사람은 기독교인이 아니라는 겁니다.

길거리에 나그네가 강도를 만나 피를 흘리고 있는데 제사장도 레위인 사제도 다 못 본 척하고 지나가요. 이교도인 착한 사마리아 사람만 나그네를 살려주고 갔어요. 그러면 기독교인이 천국에 가겠어요. 착한 사마리아 사람이 천국에 가겠어요.

이러면 제사장이 천국에 가는 게 아니라 아무 관련도 없는 이교도가 천국에 가는 거예요. 기독교인이 아니라도 기독교 정신을 가진 사람이면 천국에 가는 거예요.

그래서 기독교가 세계 종교가 된 거라고 생각합니다. 기독교인만 천국에 갈 수 있다고 했다면 세계 종교가 못 됐어요. 오늘날의 기독교가 안 됐습니다.

질문 16 무종교인, 무신론자, 타종교인도 착한 사람이 많은데 이들은 죽어서 어디로 가나요?

예수님 자신이 산상수훈에서 말씀하셨어요. "심령이 가난한 자는 복이 있나니 천국이 그들의 것임이요" 하고 말씀하신 뒤 "애통하는 자, 온유한 자, 의에 주리고 목마른 자, 긍휼히 여기는 자, 마음이 청결한 자, 화평하게 하는 자, 의를 위하여 박해를 받은 자는 복이 있나니(마 5:3~10)" 하셨습니다. 소위 말하는 칠복이지요. 그 복을 천국으로 바꿔보세요. 다 천국으로 간다는 얘기입니다.

한국처럼 애통하는 사람이 많은 나라가 또 어디 있겠습니까. 우리 선인 중에도 생명을 존중하고 긍휼히 여기는 사람들이 많았어요. 원수를 용서하고 사랑한 인자한 선비들도 많았어요. 제 생각으로는 착한 사마리아 사람처럼 그분들도 모두 천국에 가 있을 것입니다.

질문 17 종교의 목적은 모두 착하게 사는 것인데 왜 개신교만 제일이고 다른 종교는 이단시하나요?

기독교에서는 원수를 사랑하라 가르칩니다. 그런데 원수까지 사랑하는 그런 기독교인이 배타적이라고요? 구교든 신교든 오른쪽 뺨을 맞거든 왼쪽 뺨을 내주라고 하는 종교가 남을 배타해요? 만약 그런 짓을 한다면 그건 신·구 가릴 것 없이 기독교 정신에서 벗어난 사이비 종교입니다.

가톨릭이 종교재판을 하고 면죄부를 발행하고 하니까 하나님과 직접 소통을 해야겠다 싶어서 만든 게 개신교입니다. 전유물이 아니에요. 배타가 아닌 개혁이었지요. 그래서 마틴 루터가 종교개혁을 한 거예요.

신·구의 삼십년, 백년 등 종교전쟁은 기독교인에게 많은 고통과 시련을 낳았고, 결국 볼테르의 『관용론』처럼 화해의 길로 일단락되어갑니다. 정치적으로는 베스트팔렌조약의 주권국가가 그 와중에서 탄생한 것이지요. 그래서 오늘날 새롭게 지향하는 종교 간의 관용과 대화가 공존의 세계를 열게 되는 거예요.

하지만 아직도 종교분쟁 지역에서는 해묵은 상처를 정치적으로 이용하려는 세력이 잔존하고 있어요. 교황이 달라이라마를 만나는 시대에 다시 옛날 신·구 갈등의 배타주의로 돌아갈 수는 없지 않습니까.

만약 오늘날 신·구 대립이 다시 불거진다면, '꺼진 불도 다시 보자'라는 말처럼, 과거로 돌아가지 않도록 역사의 망령을 경계하자는 뜻으로만 새겼으면 합니다.

질문 18 인간이 죽은 후에 영혼은 죽지 않고 천국이나 지옥으로 간다는 것을 어떻게 믿을 수 있나요?

영혼은 내 것이 아니에요. 죽고 난 후는 아무도 모르지요. 천국이니 지옥이니 하는 말은 모두 우리가 사는 현세를 바탕으로 만들어진 개념입니다. 저는 문학 하는 사람이니까 천국과 지옥에 관해서도 스토리텔링으로 얘기해보겠습니다.

어떤 사람이 죽고 보니까 사후가 기가 막힌 거예요. 으리으리한 집에 하인이 수천 명이 넘고요. 그런데 손 하나 까딱 안 하고 일주일이 지나니까 너무 심심한 거예요. 그래서 자동차 타고 드라이브나 갈까, 직접 요리나 만들어 먹을까 하는데, 뭐만 하려고 하면 하인들이 안 된다는 거예요. 여기서는 뭐든지 원하는 대로 다 해주지만 당신이 직접 하는 것만은 안 된대요.

그래서 그 사람이 "이따위가 천국이면 차라리 지옥에 가서 살겠다"고 말해요. 그러니까 하인들이 하는 말이 "주인님, 여기가 천국인 줄 알았어요? 여기가 바로 지옥이에요". 부딪치고 싸우고 피를 흘리면서도 참된 의미를 찾는 곳이 천국이지요. 흔히들 이야기하는 금은보화, 물질로 장식된 그런 곳이 천국이 아니에요.

서로 사랑하고, 자기가 먹을 거 자기가 벌고, 서로 나눠 먹고, 이런 참된 의미가 있는 곳이 지금 우리 곁에 있는 천국이지요. 세상에서 제일 재미없는 사람이 누굴까요. 모든 걸 성취한 사람이에요. 애들한테 제일 고통스러운 게 무얼까요. 엄마, 나 심심해. 심심한 곳이 바로 지옥이에요.

질문 19 신앙이 없어도 부귀를 누리고 악인 중에도 부귀와 안락을 누리는 사람이 많은데 신의 교훈은 무엇인가요?

당연히 신앙이 없어도 부귀를 누립니다. 오히려 신앙이 없으면 더 잘살기도 하죠. 욥은 하나님을 참 믿었지만 돌아오는 것은 큰 재앙이었습니다. 그는 부귀를 누리기 위해 하나님을 믿은 것이 아니에요.

현세에서 잘살고자 믿는 것은 기복 종교예요. 부귀와 영화는 탕자의 것, 지상의 것입니다. 복지국가는 정부에서 가난한 사람을 지원해주잖아요. 복지국가는 하나님이 아니라 인간도 만들어낼 수 있는 것입니다.

하나님이 만드는 복지국가는 수십 년의 고난을 겪고도 광야를 무사히 통과한 자만이 도달할 수 있는 가나안과도 같은 곳입니다. 모든 예언자는 부귀를 위해 신앙을 하지 않습니다. 그렇다면 신의 교훈은 무엇일까요?

예수님께서 뭐라고 말씀하셨습니까. "구하라 그리하면 너희에게 주실 것이요(마 7:7)." 그런데 우리는 하나님께 뭘 구합니까. 돈과 부귀와 영화를 달라고 하지요. 이 세상에서는 절대로 구할 수 없는 것, 생명과 사랑을 주옵소서 하면 반드시 주실 텐데 그걸 달라고 하는 사람이 없어요. "너희 중에 누가 아들이 떡을 달라 하는데 돌을 주며 / 생선을 달라 하는데 뱀을 줄 사람이 있겠느냐(마 7:9~10)" 하셨지만 애들이 달란다고 다 주는 어른들이 없듯이, 불의나 세속적 욕망에서 나오는 욕구는 들어주시지 않는다는 것입니다. 왜냐하면 "가이사의 것은 가이사에게(마 22:21)" 맡겨야 한다고 하셨기 때문이지요. 우리는 엉뚱하게도 하나님의 문 앞에서 가이사의 문을 두드려온 것입니다. 하나님 얼굴 그린 지폐를 한번 생각해보세요.

질문 20 성경에서 부자가 천국에 가는 것을 낙타가 바늘구멍에 들어가는 것에 비유하는데, 부자는 악인이라는 말인가요?

저는 이것이 성경에서 가장 잘못 알려진 부분이라고 생각합니다. 거두절미하고 이 한 구절만 떼놓고 보니까 그런 오해가 생긴 것 같아요.

한 청년(부유한 자)이 예수님의 설교를 듣고 자신도 천국에 갈 수 있는지 묻습니다. 예수님께서는 "네가 온전하고자 할진대 가서 네 소유를 팔아 가난한 자들에게 주라(마 19:21)" 하고 답하세요. 청년이 근심하며 떠나니 또 제자들에게 말합니다. "부자는 천국에 들어가기가 어려우니라/낙타가 바늘귀로 들어가는 것이 부자가 하나님의 나라에 들어가는 것보다 쉬우니라(마 19:23~24)."

버려야 천국에 갈 수 있는데 가진 게 너무 많은 사람은 그걸 쉬이 버리지 못해요. 하지만 예수님은 낙타가 바늘구멍에 들어가는 게 "쉬우니라" 했지, 부자가 천국에 못 간다고는 말씀하시지 않았어요. 가진 게 너무 많으면 버리고 가기가 힘들 뿐 부자도 천국에 들어갈 수 있습니다.

새도 뚱뚱하면 못 날아요. 그래서 고단백질을 먹는 것이지요. 키위, 닭 이런 새들은 날개가 있어도 지상의 것을 쪼아 먹기 때문에 하늘로 못 날아갑니다. 참 상징적이지 않습니까. 물오리와 덩치도 같고 날개도 같은데 닭은 날지 못하는 거예요.

그렇다고 가난한 자들은 다 천국에 가느냐. 아닙니다. 자, 그 낙타 이야기 어떻게 끝나는지 다시 읽어봅시다. 제자들은 가난한 자가 아니라 부유한 자가 천국에 가는 줄로만 알았다가 예수님의 말씀을 듣고 깜짝 놀라 그럼 누가 천국에 가느냐고 묻습니다. "예수께서 이르시되 내가 곧 길이요 진리요 생명이니 나로 말미암지 않고는 아버지께로 올 자가 없느니라(요 14:6)." 가난한 자 부유한 자가 중요한 것이 아니라 하나님의 말씀을 거치지 않은 자는 누구도 천국에 들어갈 수 없다는 말이지요.

질문 21 미국은 사실상 국교가 기독교인데 왜 그리도 범죄와 사회 혼란이 많으며 세계의 모범국이 되지 못하나요?

맞습니다. 문제가 많은 나라지요. 미국은 결코 타의 모범이 될 수 없는 나라지요. 그런데 이상한 것은 범죄도 없고 대낮에 살인도 안 하는 아주 조용한 비기독교의 전체주의 국가들이 많습니다. 하지만 그 나라에서 살기 위해 비자를 얻겠다고 장사진을 치는 것은 미국 대사관이 되는 거지요.

왜 사건도 많고 모범도 못 되는 나라에 가려고 애쓰는 사람들이 그렇게 많은 걸까요? 열린 악은 닫힌 선보다 희망이 있어요. 내일이 있는 겁니다. 조용하고 사건도 없고 총성도 안 들려도 덮어진 악은 영원히 구제의 길이 없어요. 당장은 조용해도 통치자 한 사람만 죽어도 나라 전체가 망하는 것이에요.

미국은 아무리 시끄럽고 대통령을 비롯해 정상급 지도자들이 대여섯 명씩이나 암살을 당해도 끄떡없었습니다. 앞에서 말한 '자유의지'가 인간이 절대 버릴 수 없는 천성이기 때문이지요.

질문 22 일부 신앙인은 때때로 광인처럼 되는데, 이것은 공산당원이 공산주의에 미치는 것과 어떻게 다른가요?

그런 것을 '파나티시즘(fanaticism)'이라고 합니다. 신앙과 무관하게 어디에나 있을 수 있는 현상이지요. 그런데 유독 그

러한 현상이 기독교와 공산주의에서 많이 발견되는 것은 종
말론 같은 절대적인 이념을 바탕으로 삼고 있기 때문입니다.
이념에 눈이 멉니다.

**질문 23 흔히들 기독교와 공산주의는 상극이라고 합니다. 그럼
폴란드, 동구제국, 니카라과처럼 교회가 많은 국가는 어떻게 공산
국이 되었을까요?**

아주 중요한 질문입니다. 이 회장 때와 달리 오늘날은 남
미 쪽에서 더 이런 현상이 일어나고 있습니다. 기독교와 공
산주의는 얼핏 유신론과 유물론, 정반대되는 사상이면서도
그 바탕에는 의외로 공통점을 가지고 있습니다.

첫 번째가 바로 사회에서 소외된 계층을 대상으로 하는 점
입니다. 아시다시피 예수님은 창녀를 비롯한 사회 약자들,
병자들을 포용하지요. 공산주의 역시 소외된 인민, 대중을
그 혁명의 기반으로 봅니다. 이를테면 프롤레타리아라고 할
때, 우리는 보통 무산계급이라고 하지만 그 원래의 뜻은 나
라에 바칠 것이 아이밖에 없는 가난한 계층을 의미합니다.
이렇듯 사회 약자를 돌본다는 점에서 공통점이 있는 것입니
다. 공산주의는 그런 소외 대상을 계급 혁명이라는 투쟁의

힘으로 보았고, 기독교는 구제의 대상으로 보았다는 점에서 둘을 구분 짓는 큰 차이가 발생하는 것뿐입니다.

두 번째로, 원래 소련의 공산주의와 러시아 말기의 정교(正敎)는 표면적으로 보기에는 갈등 관계에 있었지만, 실제로 공산주의는 러시아의 전통적 정교회 사상을 차용한 게 많습니다. 특히 그중에서도 우주주의자와 유라시아주의자들의 사상과 정책이 그렇지요. 니콜라이 표도로프(Nikolai Fyodorov, 1829~1903)가 특히 중요한 인물입니다. 도서관 사서였던 그는 도스토옙스키, 톨스토이 등 당대 광범한 지식인들에게 영향을 끼친 박식한 인물이에요.

표도로프는 과학의 힘을 빌린 부활을 믿은 창조적 종말론자입니다. 자신이 유전공학으로 죽었던 아버지를 살려내고, 아버지가 또 자신의 아버지를 살려내면, 이 지구에 죽었던 사람들이 다 부활할 수 있다고 생각한 거예요. 그러면 지구가 부활한 사람들로 넘쳐나잖아요. 그럼 다 어디로 가야겠어요. 우주로 가야지요. 이런 표도로프의 사상이 영토 확장의 방향을 수평에서 수직으로 돌린 것입니다. 그래서 당시에 실제로 과학을 이용해 로켓을 만들려고 했어요. 그래서 러시아가 미국을 앞서 인공위성을 쏠 수 있었던 거예요. 러시아가 스푸트니크를 쏘아 올릴 수 있었던 것도 표도로프가 사서로 있던 바로 그 도서관에서 표도로프를 스승으로 삼고, 그 영향 밑에서

도서관을 매일 다녔던 콘스탄틴 치올코프스키(Konstantin Tsiolkovskii, 1857~1935) 때문이었지요. 독학을 하던 때의 이야기입니다. 그는 표도로프의 분부로 로켓 연구와 설계를 하게 됩니다.

황당하다고요? 아닙니다. 실제로 일론 머스크는 지금 우주선을 띄우는 사업을 추진하고 있고 인간을 2030년까지 화성으로 이주시키는 지구 탈출 기획을 발표한 적도 있어요. 그 유명한 호킹도 죽기 전에 인공지능이 발달하면 그들이 지배하는 지구를 탈출하기 위해 거대한 로켓을 만들어야 한다고 주장하지 않았나요. 이게 140년 전에 표도로프가 지구 탈출을 꿈꾼 것과 무슨 차이가 있습니까. 그러니까 기독교, 러시아 정교의 부활론이 공산국가의 과학기술, 로켓기술과 밀접한 연관을 가지게 된 거예요. 이것이 현재 미국과 러시아에서 동시에 작동 중인, 지구는 인간의 요람이지만 언제까지나 그 요람에서만 살 수 없다는 '우주 개발' 정신인 것입니다.

세 번째로, '엔드 오브 히스토리(end of history)', 종말론입니다. 대개 모든 나라의 역사관은 둥근 원처럼 순환하는 원리로 되어 있지요. 그런데 유독 기독교와 마르크스의 역사관은 선형적입니다. 시작점과 끝나는 점이 있는 거예요. 기독교에서는 대심판의 날이 그것이고, 마르크스에서는 혁명을 완수하는 그날이 그들의 역사의 끝, 엔드 오브 히스토리인 것입니다. 즉 지금 우리가 살아가는 역사는 혁명을 완수하는 날을 목표로, 또 대심판의 날을 목표로 향하는 단계요 과정이라는 것입니다.

질문 24 우리나라는 두 집 건너 교회가 있고 신자도 많은데 왜 사회 범죄와 시련이 많은가요?

우리나라는 두 집 건너 교회가 있고 신자도 많지만, 사회 범죄가 많은 것도 사실이에요. 한밤중 비행기에서 서울을 내려다보면 십자가밖에 보이지 않는다는 말도 있는데도요. 한국 교회가 겸허하게 받아들여야 할 대목입니다.

하지만 그렇다고 두 집 건너 교회 없고 신자도 없고 사회 범죄도 없고 시련도 없는 나라에서 살고 싶은지 사람들에게 물어보세요. 다들 부정적일 것입니다.

지금 가난하고 고통스러워도 자유와 희망을 꿈꿀 수 있는 쪽을 택하려는 것이 인간입니다. 완벽하게 만들어진 체제, 이미 다 깔아놓은 선로를 달리기보다 허술한 자동차라도 자기 마음대로 달릴 수 있는 벌판을 원하는 마음과 같지요.

또 다른 시각에서 봅시다. "마스크 쓰고, 손 씻고, 거리두기 하는데 왜 코로나 안 없어지나요?" 하고들 물어요. 그런데 그렇다고 마스크 안 쓰고, 손 안 씻고, 거리두기 안 하면 어떻게 될까요? 교회가 많은 것과 범죄자가 많은 것은 인과 관계가 없고, 만약 교회가 없었더라면 더 많은 범죄자의 사회가 되었을 것이라고 반박해도 반론하기 힘들 겁니다.

질문 25 지구의 종말은 올까요?

종말은 옵니다. 종교가 아니라 과학이 그걸 예견하고 있습니다. 그걸 열역학 제2법칙, 엔트로피 수치 증대에 의한 것이라고 설명하지요. 형태 있는 건 무너지고, 질서 있는 건 무질서가 되고, 따뜻한 건 차가워지는 것이지요. 끓는 물도 끝에 가면 어떻게 되나요? 열은 식고 끓어오르던 물방울들의 비등하던 운동은 잠들어 조용해집니다. 한마디로 지구는 끓는 물이 식어가는 거대한 냄비라는 거예요.

그런데 여기 예외가 하나 있어요. 생명이요. 생명은 거꾸로 하나가 열이 되고, 열이 스물이 돼요. 둘이 결혼해서 애를 넷만 낳아봐요. 기하급수적으로 늘어요. 역(逆) 엔트로피, 엔트로피의 역 현상입니다. 무질서하고 힘없는 아이가 거꾸로 질서와 힘을 만들어내는 거예요. 끓는 냄비가 식어가는 것과는 반대로 차가운 냄비가 뜨겁게 끓어올라요. 아이들은 다시 뜨겁게 끓어오르는 냄비입니다. 식은 게 뜨거워지고, 무질서한 게 질서로 가고, 그게 생명체의 신비지요.

구체적인 예를 들어볼게요. 예수에게 악마가 돌을 떡(빵)으로 만들라고 했어요. 그러면 다들 옳다, 좋다 할 거 아니에요. 길에 있는 떡을 먹는데 굶주린 사람이 어디 있겠어요. 그런데 천 년쯤 지나 봐요. 돌이 새끼 쳐요? 돌 다 없어져요. 흙 파먹어요? 흙 다 없어져요. 예수님이 그렇게 기적을 만들어주셨는데 마지막엔 그 기적을 만들어주신 예수님 성전 돌기둥까지 파먹어요.

그런데 땀 흘려서 곡식을 심어보세요. 열 개를 먹어도 백 개가 되고, 백 개를 먹어도 천 개가 되고, 시간이 흘러도 안 없어져요. 그게 생식입니다. 그게 생명이에요. 여자는 아이를 낳고 남자는 노동을 해서 곡식을 가꾸는 것이 돌멩이를 빵으로 만드는 방법이에요. 영원히 사는 길이지요. 돌멩이를 빵으로 만들면 당장은 누구나 편하게 살 수 있겠지만 석유가 고갈되듯 언젠가 그 돌멩이는 이 지구에서 사라지는 겁니다. 고비사막이 모래가 아무리 많아도 그것을 먹는다면 언젠가 다 없어져요. 그런데 생식하는 한 톨의 보리는 천년만년 가도 늘어나요. 그게 생명이에요. 그러니까 종교는, 특히 기독교는 죽음을 넘어서는, 엔트로피 증대를 역행하는 운동인 것입니다.

그래서 저는 뉴턴이 한쪽만 바라본 사람이라고 말한 적 있습니다. 떨어지는 것만 봤지 그 작은 풀이 하늘을 향해 자라고, 나무가 되고, 거기에 빨간 사과가 열려서 높이 매달리는 것은 보지 못한 거예요. 우리는 떨어지는 사과가 아니라 뉴턴이 보지 못한 하늘로 올라간 사과, 그 생명의 역 엔트로피를 봐야 합니다. 그것을 사랑하고 믿어야 해요.

작은 송사리 떼가 잉어나 오른다는 상류를, 등용문을 통과하듯 향해가는 그 힘을 우리는 알고 있습니다. 아무리 큰 고기라도 죽은 고기는 흰 배를 내놓고 떠내려가지만, 송사리는 아무리 작아도 살아서 상류를 거슬러 올라가요. 다시 말하지만, 그것이 바로 "나는 진리요, 생명이니라" 하는 생명의 힘입니다.

부활도 어렵게 생각할 것 없어요. 한 알의 곡식이 땅에 떨어져 죽으면 거기서 수십 개의 열매가 열려요. 화려하고 아름다운 일종의 작은 부활이지요. 보세요. 우리 선조들 생명이 부활한 것처럼 바로 지금 이렇게 숨 쉬고 기지개 켜고 아침 산책을 준비하는 내 모습이 있잖아요.

육체만이 아닙니다. 지금 우리가 읽고 있는 모든 책도 선인들의 정신이 무수히 많은 책 제목으로 부활하여 나타난 것이에요. 책은 모두 죽은 자들의 사상의 부활인 것이나 다름없지요.

＊＊＊

  ― 코로나 패러독스가 몰고 온 코로나 이후의 세계가 스물 다섯 가지 질문을 통해 구체적으로 눈앞에 떠오르는 것 같습 니다. 신학자나 과학자처럼 실증주의자들은 이런 말 못 합니 다. 역시 선생님이기 때문에 이런 대답들을 들을 수 있었던 것 같습니다. 이런 점에서 글 쓰는 사람들이 참 부러워요.

  "모든 대답을 저는 학술적 실증론이 아니라 비유와 스토리 텔링 그리고 유추와 상상력으로 꾸몄습니다. 신은 기하학적 으로 증명할 수 있는 세모꼴이 아니라 원주율처럼 영원히 끝 이 없는, 쪼개지지 않는 존재이기 때문이지요.

  비길 바는 아니지만, 예수님이 비유를 많이 쓰는 까닭도 거기에 있어요. 예수님은 자신이 비유로밖에 말할 수 없는 그 답답함과 안타까움을 직접 토로하기도 해요. '내가 그들 에게 비유로 말하는 것은 그들이 보아도 보지 못하며 들어도 듣지 못하며 깨닫지 못함이니라(마 13:13).' '내가 입을 열어 비유로 말하고 창세부터 감추인 것들을 드러내리라(마 13:35).' '너희에게는 하나님 나라의 신비를 알게 해주었지만 다른 사람들에게 보아도 알아보지 못하고 들어도 깨닫지 못 하게 하려고 비유로 말하는 것이다(눅 8:10).' 말이 통하지 않을 때, 도저히 인간의 말로 하나님의 말씀을 다 전할 수 없을 때, 꼭 '진실로 진실로 너희에게 이르노니' '들을 귀가 있는 사람은 알아들어라' 하고 말해요. 그런데 특히 예수님은 마지막에 자신의 죽음을 알고 떠날 때 제자들에게 기막힌 말을 합니다.

'여자가 해산하게 되면 그때가 이르렀으므로 근심하나 아기를 낳으면 세상에 사람 난 기쁨으로 말미암아 그 고통을 다시 기억하지 아니하느니라(요 16:21).' 헤어지는 고통을 임산부가 어린아이를 낳는 고통에다가 비유한 거예요. 애를 낳으려면 고통을 느껴야 하잖아요. 너희들과 내가 다시 새롭게 만나기 위해서는, 즉 부활하기 위해서는, 산모가 어린애를 낳는 그 고통이 있어야 한다는 거예요. 그러면 그 어린아이, 새로운 생명을 낳는 기쁨 또한 맞이하게 되리라는 거예요. 그런데 제자들이 이 뜻을 못 알아들어요. 부활의 의미를 모르는 거지요. 그때 마지막으로 하신 말씀이 '때가 이르면 다시는 비유로 너희에게 이르지 않고 아버지에 대한 것을 밝히 이르리라(요 16:25)'.

기가 막힌 얘기예요. 비유로 말하지 않겠다. 때가 이르면 하나님의 뜻이 현실에 그대로 이루어지기 때문에 비유가 필요 없어요.

저는 여기가 결정적인 대목이라고 생각합니다. 그리고 저도 이 회장의 물음에 대해 모두 비유 아니면 스토리텔링으로 이야기했지만, 저의 비유는 그냥 비유로 끝나고 말았지요. 예수님이 말씀한 비유로 말하지 않아도 되는 '실현'에 대해서는 나는 모릅니다. 침묵할 수밖에요.

그래서 한 나무꾼 이야기로 끝내려고 해요. 나무꾼이 산속을 헤매다 신선을 만났습니다. 신선은 자신의 존재를 들키면 발견한 사람에게 소원을 하나씩 들어주게 되어 있었지요. 신선은 나무꾼에게 소원을 말하라고 했어요. 나무꾼은 금덩어리를 달라고 말했습니다. 그리고 신선이 지팡이로 돌을 치니 황금으로 변했습니다. 그걸 본 나무꾼은 뭐라고 했겠습니까. '나 금덩어리 말고, 그 지팡이 주시오.'

글을 쓰는 저와 같은 사람은 이 이야기에 나오는 나무꾼과 비슷한 데가 있습니다. 매일 산속에 들어가 나무를 하듯 글의 소재를 구하고, 이야기의 자료를 모으고 그렇게 살아갑니다. 그러나 어느 날, 저는 정말로 이 이야기에 나오는 행운의 나무꾼처럼 이야깃거리가 떨어지고 생각이 막혀 끝없이 깊은 산중을 헤매다가 그 끝에 행운의 하나님을 영접하게 된 것입니다.

하나님은 이야기의 나무꾼이 만났던 신선과는 아주 다른 분이셨지요. 지팡이로 돌을 때려 황금을 만드는 것이 아니라, 아론의 지팡이처럼 죽은 나무에서 새싹이 나오고 거기에서 꽃봉오리가 다시 꽃으로 피어나 삽시간에 아몬드의 열매를 맺는 것이었습니다. 이 모든 일을 하룻밤 사이에 일으키는 그 기적의 지팡이. 그것은 대재앙의 땅 이집트를 떠나 갖은 고욕을 겪으며 꿀과 젖이 흐르는 가나안의 새 땅을 찾아가는 많은 난민을 도와 힘을 주었습니다.

　우연히도 제가 글을 끝내는 오늘이 바로 크리스마스입니다. 이번 크리스마스에는 빨간 망토의 산타클로스가 아니라 하나님의 그 지팡이를 한순간만이라도 좋으니 저에게 빌려주십시오. 당신이 말씀하신 사자와 양이 함께 놀고, 독사와 아이가 한 구덕에서 지내는, 그런 세상을 만들어보고 싶습니다. 지금 코로나의 대재앙으로부터 탈출하여 새로운 희망의 땅을 찾아 고난을 겪는 많은 사람의 손에 그 지팡이를 들려주옵소서. 그래서 그들이 새로운 땅에 이르는 기적을 만들어 낼 수 있게 하소서. 지금 우리가 구하는 것은 황금덩어리가 아닙니다. 당신께서 말씀하신 '나는 길이요 진리요 생명이니라'의 바로 그 '생명'인 까닭입니다."

＊　이 글은 2021년 12월 20~25일자 〈국민일보〉에 게재되었다.

2

2019년 7월~10월

"신을 모른다는 것을 아는 것(無知의 知), 이 말이 정답"

우리나라를 대표하는 지성(知性)인 이어령 선생은 평생을 화제의 중심에서 살아온 분석과 통찰의 거인(巨人)이다. 1956년 5월 6일 〈한국일보〉에 평론 「우상과 파괴」를 발표하며 문단에 나온 지 반세기를 훨씬 지난 지금도 그는 '지(知)의 최전선'에서 문제적 화두를 세상에 던지고 있다.

이 선생 스스로 "나는 우물을 파는 사람이지 우물물을 마시는 사람이 아니다"라고 말한다. "문학이든 신앙이든 지적

---

* 〈월간조선〉 2019년 8월호~11월호에 연재한 원고를 수정 보완하였다.

호기심과 상상력을 가지고 우물을 파듯이 판다. 물이 나오면 다시 새로운 우물을 파기 위해 다른 땅을 찾아 떠난다."

기자는 지난 4월부터 이 선생을 괴롭혔다. 1987년 10월 초 삼성 창업주 고(故) 이병철(李秉喆, 1910~1987) 회장이 천주교 정의채(鄭義采) 몬시놀에게 전한 스물네 가지 신(神)과 죽음에 관한 질문에 답해줄 것을 요청했다. 허락은 하였으나 건강상의 이유로 여러 차례 미뤄졌다. 인터뷰 날짜를 하루 앞두고 무산된 적도 있었다.

기자는 가끔 죽음을 앞둔 이 회장이 목말라했던 영혼의 갈증을 떠올려보았다. 이 선생이 언젠가는 조물주의 현현(顯現)하심을 밀교의 형식이 아닌 약초의 언어로 우물을 파주리라 믿었다. 결국 지난 7월 10일 서울 평창동 그의 자택에서 만남이 이뤄졌다. 그는 암 투병 중이다. 그러나 쉬지 않고 새로운 문명의 키워드를 찾고 패러다임을 예언하기 위해 지금도 마르지 않는 창조의 우물을 파고 있다. 그 깊이를 범인(凡人)은 도저히 알 길이 없다.

 - 뵙고 싶었습니다. 이병철 회장의 질문에 대해 지혜를 구하고 싶었습니다.

"노인이 할 수 있는 말이 어디 죽음 외에 딴것이 있겠소?"

이 말이 이 선생의 입에서 나온 첫 운(韻)이었다.

"이병철 회장께서 천주교를 대표할 만한 분에게 묻고 명망 높으신 정 몬시뇰께 답변을 맡기신 일인데 어찌 내가 감히 그 사이에 끼어들 수 있나요. 천부당만부당한 일이지. 그러나 전설처럼 떠도는 이야기가 생각나서 입을 여는 건데, 그건 아인슈타인이 '죽음이 뭐냐'는 기자의 질문에 '더 이상 모차르트의 음악을 들을 수 없게 되는 것'이라고 답변했다는 거죠. 질문한 기자는 E=mc2과 같은 어마어마한 죽음의 공식을 기대했겠죠. 하지만 막상 돌아온 답은 물리학자가 아닌 모차르트의 한 애호가, 음악을 듣고 감동할 줄 아는 영혼을 지니고 늙어가는 한 인간의 말이었던 거죠. 이병철 회장의 죽음이나 신의 존재에 대한 질문도 똑같다고 할 수 있어요. 어마어마한 신전이 아니라 빈자(貧者)의 제단을 밝히는 작은 촛불 앞에 기도하는 농부와 같은 존재로서 하나님과 죽음 이야기를 하라고 한다면 기꺼이 무릎을 맞대고 생각을 나눌 수 있을 거라고 생각해요."

빈자의 제단에서 나누고픈 이야기

바로 그런 말을 듣고 싶어서 찾아온 것인데 기자의 속마음을 미리 넘겨짚은 것일까. 묻기도 전에 질문자보다 한발 앞서 이 선생은 말을 이어갔다.

"이병철 회장님이 세상을 떠나신 게 서울올림픽 직전이었으니까 햇수로 치면 불과 30여 년 전 일이 아닙니까. 하지만 시대 구분과 그 특성으로 보면 20세기와 21세기의 큰 차이가 있어요. 알기 쉽게 말하면, 당시 유행하던 3대 거짓말을 떠올려보면 알아요. '처녀가 시집 안 간다' '노인이 빨리 죽어야 한다' 그리고 '장사하는 사람이 밑지고 판다'는 말이지. 그런데 그 거짓말이 요즘 시대로 들어와서 모두가 참말로 바뀌었다는 거죠. 처녀는 정말 시집을 안 가고 저출산 시대를 맞게 되고, 노인들은 생명 연장을 거부하고 빨리 죽기를 희망해서 존엄사법이 제정됐지요. 법이 시행된 지 1년도 안 되어 신청자 수가 11만 명을 넘었다고 해요. 고령화 사회의 문제를 드러낸 것이지요. 이렇게 해서 이 회장이 몰랐던 저출산, 고령화 사회의 증후군이 가시화하게 됩니다. 여기에 '밑지고 판다'는 말까지 진짜가 되어버린 바겐세일 바람이 불어옵니다. 크리스 앤더슨이 예언한 디지털 경제의 '무료 시대

(free price)'와 만나게 됐다는 겁니다."

이병철 회장의 시대에 몰랐던 저출산, 고령화 사회와 이 선생의 지론인 디지로그와 생명자본의 새로운 비즈니스 환경이 도래하고 있다는 것이다. 그리고 그것은 자연히 생사(生死)관이나 신에 대한 담론으로 이어질 수밖에 없다. 어느새 이야기는 기대한 대로 출생과 사망의 문제로 들어간다.

"인간은 장례식을 올리는 유일한 동물이라고 하지요. 네안데르탈인이 원숭이가 아니라 인류 편에 속하는 것은 바로 그들의 무덤에서 꽃가루가 발견되었기 때문이지요. 어느 원숭이가 매장을 하고 꽃으로 장례를 올리겠어요.

또 한편 인간은 혼자서는 애를 낳지 못하는 유일한 동물이라고도 합니다. 기원전인데 이미 소크라테스의 어머니가 산파였고 구약 성경에도 산파에 대한 이야기가 나옵니다. 이렇게 몇천 년 전부터 내려온 인간만의 출산 문화와 장례 문화가 몇십 년 사이에 붕괴하고 있는 현상을 보게 됩니다. 애를 낳는 것과 장례를 지내는 일이 모두 집 안이 아닌 병원에서 이루어집니다. 이제 우리의 일생은 병원에서 시작하여 병원에서 끝나는, 그러니까 분만실에서 영안실로 직행하는 시스템 속에서 살고 있는 거지요. 그런데도 기업인은 고사하고 지식인들도 이 빅 퀘스천(big question)에 침묵하고 있는 것 같아요."

성당이 아니라 대학 강단으로 옮겨진 죽음의 담론

우리 삶에서 이병철 회장의 스물네 개 질문이 왜 중요한지, 구체적인 생각과 느낌을 이 선생께 물어보았다.

"생각과 느낌이 아니라 확신이라고 해야 옳을 것 같군요. 스물네 개의 질문에 답하려면 역시 성당으로 향하기 전에 대학 강단이나 실험실로 옮겨가야 되겠구나 하는 작은 믿음부터 시작해야 한다는 확신 말입니다. 당시만 해도 당연히 죽음에 관한 질문은 성직자의 몫이었잖아요. 지금도 장례식은 모든 종교계에서 관장하고 있으니까요.

그런데 이 회장이 세상을 떠날 무렵에 죽음학(thanatology)이라는 듣도 보도 못한 새 학문이 생겨나서 대학 강의실을 젊은이들로 가득 채웁니다. 연구실이나 실험실에서도 죽음학이 열을 올리고 있어요. 왜 셸리 케이건(Shelly Kagan) 교수 있잖아요. 예일대학에서 20여 년 동안 '죽음'에 대한 연속 강의로 화제가 된 철학자 말이에요. 그 강의가 책으로 나와 세계적인 베스트셀러가 되었으니까 아마 이병철 회장이 지금 살아계시다면 틀림없이 그 책을 읽으셨거나 TED에서 강연한 영상을 보셨을 겁니다.

그러면 스물네 개 질문의 태반은 풀릴 수 있었을 것이라고 생각해요. 실제로 시한부 생을 살고 있던 젊은이가 케이건 교수에게 달려가 그 수업을 들으며 죽어갔다는 이야기도 전해지고 있어요."

이야기가 무르익어가자 어쩌면 이 통찰의 거인은 이미 오래전부터 무의식중에 답변을 준비해왔으리라는 생각이 들었다. 그의 얼굴을 올려다보니 배추흰나비 날개의 빛깔처럼 티끌이 없어 보였다. 착각인지 몰라도…….

"그런데 서양의 죽음학은 죽음에 대하여 신부님보다 설득력 있게 설명할 수는 있어도 죽음과 직면한 사람에게 그 공포와 불안을 풀어줄 수는 없다고 생각해요. 죽음학의 원조라고 할 수 있는 퀴블러 로스(Elisabeth Kübler-Ross, 1926~2004)는 200명의 임종 시의 환자 인터뷰를 통해 '부정' '노여움' '거래(협상)' '우울' '수용'의 5단계로 죽음의 과정을 정리했어요. 그리고 그들이 죽기 전에 무엇을 소원하는지도 알아냅니다. 죽기 전에 어머니가 만들어준 음식을 먹어봤으면 좋겠다는 것이었지요. 그런데 현실적으로는 그걸 주는 병원은 존재하지 않는다는 겁니다.

〈타임〉이 선정한 20세기의 위대한 사상가로 선정되기도 했지만 자신의 죽음은 결코 행복한 죽음으로 마친 것이 아니었다는 슬픈 사실을 우리는 알고 있습니다. 죽음은 어떤 경우에도 보편화할 수 없기 때문이지요. 옛날 제왕(帝王)들이 몇천, 몇만 명과 순장을 한들 자기 죽음과 무슨 관련이 있어요? 제왕의 무덤에다 말(馬)이나 사람, 부장품을 넣어봐야 후대에 살아 있는 사람들을 위한 것이 되었을 뿐 사자에게는 아무런 의미도 남기지 않았던 것이지요. 피라미드가 그렇고 우리의 신라 천마총 같은 것이 그렇습니다.”

'자궁'에서 '무덤'까지

– 죽음학도 잘못된 것이라는 말씀인가요. (병 주고 약 주는 식의 이야기가 계속되는 바람에 성급한 질문을 던진 것이다. 그러자 이 선생이 놀라운 논리의 반전을 보여준다.)

“죽음학의 다나톨로지라는 말은 『그리스신화』의 죽음의 여신인 다나토스에서 비롯된 말입니다. 그런데 그 학문의 이름부터 한계를 나타내는데, 생이 빠져 있어요. 한국식으로 말하면 사생학(死生學)이라고 해야 옳지요. 우리에게 죽음은 반드시 생과 짝을 이룹니다. '죽기 아니면 살기'고 '죽자 살자'고 한자로 해도 '사생결단'입니다. 생사가 붙어 다닙니다.

　이 말은 곧 죽음학과 태생학(발생학)은 하나의 개념으로 융합되어야 한다는 것이죠. 죽음을 이야기하려면 우리가 어떻게 태어났는가를 알아봐야 합니다. 우리 모두 독방(자궁)에서 태어났잖아요. 쌍둥이는 예외지만 거기서 먹을 것 걱정해요, 입을 것 걱정해요. 10개월을 살다가 나올 때 이제부터 고생길이니까 울고 나오듯이, 출생과 함께 사망이 온 것이잖아요. 안 태어났다면 죽음도 없어. 그래서 그리스에서는 태어나지 않는 것이 최상의 행복이라고 했거든. 서양인들은 인생을 '요람에서 무덤까지(from the cradle to the grave)'라고 했는데 아니에요. 그래서 서양인들이 죽음이 뭔지 잘 모른다는 거예요. '태내(胎內) 자궁(womb)에서 무덤(tomb)까지'라고 해야지요. 우연히도 알파벳 W와 T의 한 글자 차이처럼, 생명과 죽음이 손등과 손바닥처럼 하나로 붙어 있는 것이지요. 한국인은 태내에서 태어나 엄마의 유방이 자궁이 되는 거야. 탯줄이 끊겨져도 젖줄은 남아 있는 거지.

　서양인들은 아이가 태어나면 0살로 치지만 우리는 한 살로 치잖아. (서양의) 아무리 유명한 철학자나 신학자들도 인생의 가장 중요한 태내 10개월을 모릅니다."

36억 년의 세월을 태내 10개월 동안 되풀이

– 엄마 배 속에서 열 달을 채운다는 게 어떤 의미인가요.

"태내는 지구의 생명체가 싹이 튼, 헤켈(Ernst Haeckel, 독일의 생물학자·철학자)이 얘기했던 것처럼, 지구 생명체가 처음 출현한 36억 년의 세월을 10개월 동안 되풀이하는 공간이거든. 이는 과학적으로 증명된 것이에요. 헤켈이 소위 말한 개체발생은 계통발생을 되풀이하니까."

이어령 선생은 헤켈이 그러했듯 한 생명이 수정란에서부터 태곳적 조상(祖上)의 진화를 되풀이하고 있다고 믿고 있다.

"이 말이 어려우면 이렇게 생각하면 됩니다. 생명체가 처음에는 바다밖에 더 있었겠어요? 육지에는 처음 어떤 생명체도 없었다는 사실은 직접 화석(化石)으로 볼 수 있으니까. 그래서 해상동물이 뭍으로 올라와 육상동물이 된 것이니 인류 최초의 생명은 '피카이아' 같은 척색 물고기의 선조들에서 온 것이겠죠. 생각해봐요. 엄마 배 속에서 폐로 호흡을 했을까요. 아니잖아요. 양수 속에서 물고기처럼 아가미 호흡을 한 거죠. 태어나자마자 비로소 폐로 호흡을 한 것입니다. 진화론의 역사에서 가장 큰 사건은 해상동물이 육상동물이 되는 것인데, 우리는 그 극적인 순간을 어머니의 자궁에서 탄생 과정을 통해 재연하고 있는 것이지요. 그러니까 우리가 태어나 죽는 그 시간보다 엄마 배 속에서 우리도 모르게 10개월 살았던 시간이 실은 상상도 할 수 없을 만큼 긴 36억 년의 영원에 가까운 세월이었다고 말이지요. 배 속 탄생 이전의 그 세상을 모르면 신의 영역도 몰라. 태내 공간이야말로 신의 보이지 않는 손을 볼 수 있는 유일한 공간이라 해도 과언이 아니지.

이병철 회장은 신의 존재를 증명해보라고, 그리고 사후의 문제를 물으셨는데, 태생학에서 그 답변을 찾을 수 있다고 생각하는 것이지요. 그래서 나는 저승과 이승 사이에 태내의 '그승'이 있다고 합니다. 태어나기 전의 그 무(無)의 세상을 알면 죽고 나서의 그 무의 저승을 짐작하게 된다고요."

저승과 이승 사이에 '그승'

이어령 선생은 동전의 양면과 같은 생명과 죽음의 문제를 종교적인 차원에 앞서 사망학과 태생학(발생학) 같은 세속적, 역사적 과학의 언어로부터 이야기하고 싶어 했다. 육과 영,

속과 성의 경계 허물기다.

"이병철 회장의 스물네 가지 질문을 보면 종교 문제지만 오히려 고분자 생물학이나 양자컴퓨터, 그리고 인지과학 분야의 과학자들에게 물어보는 것이 더 적합하고 유효할 것 같다는 생각이 들어요.

왜냐하면 알파고를 개발한 하사비스 팀에는 처음부터 신학자(목사)가 끼어 있었고 구글에 회사를 넘길 때도 이 신학자에게 기술개발위원회 책임을 맡기는 것을 조건으로 추진했던 거니까. 이렇게 과학의 신기술이 개발될수록 생명윤리와 종교 문제에 부닥치게 되고, 대립되는 것으로 알았던 신학과 과학이 점점 좁혀지고 급기야는 그 사이의 경계를 넘나들게 된다는 겁니다. 당연히 생(生)과 사(死)의 어두운 그 벽도 말이지요."

– 오늘날 종교적, 과학적 담론이 비슷해졌어요. 과학이 종교를 증명하고 있다고 합니다.

"그렇죠. 생명과 비생명의 경계도 애매해지고 희박해졌어요. 아주 쉬운 것으로 바이러스(virus)를 보세요. 바이러스는 산 거요? 죽은 거요? 무생물과 똑같지만 그 안에 정보를 지니고 있기 때문에 다른 생체의 세포에 들어가 합성하면 그때부터 활성화하여 증식하게 되는 것이지요. 결국 생명은 죽음과 움직이기 시작하잖아요. '정보(情報)'만 있는 놈이라고……."

생명이 정보, 정보가 생명

유전자 정보만 가지고 있으면 몇십만 년 전에 죽은 공룡을 재생할 수 있는 〈쥬라기공원〉 같은 세상(공룡의 피를 빤, 호박 속의 갇힌 모기에서 피를 뽑아 공룡의 DNA를 추출할 수 있다는 말이다 - 〈월간조선〉 주)이 가능해지는 것이지요. 실제로 한국의 농진청에 가봐도 천 년 전 씨앗으로 연꽃을 피워낸 것이 있어요. 생명은 물질에서 나오는 게 아니라 물질 위에 기록된 일종의 언어 기호(記號)의 의미에서 생겨난 것이란 말이지요. 제 말이 어려운가요? 아니죠. 벌써 물리학과 생물학이 그 경계를 넘어 고분자 생물학이 바로 우리 곁에 와 있잖아요. 우리 몸속의 유전자 지도도 사실은 책이라고 해야 옳아요. 허허, 내 몸이 문자로 쓰인 한 권의 책이라는 말입니다. 책이 불타 없어져도 그 재(물질)를 모아 다시 문자를 재생할 수만 있다면 그것을 다시 읽어낼 수 있다는 것이죠. 그것은 곧 내 이야기(생명)가 되살아난다는 겁니다. 그 기호의 의미가 뭐겠습니까. '태초에 말씀이 있었느니라'의 그 로고스입니다. 진화론이 오늘의 고분자 생물학의 발전으로 신학이 되는 순간이지요. 이게 바로 생명의 부활인 것이지요. 지금 마지막 책으로 쓰고 있지만요. 십자가의 그 기호(정보의 메시지)가 바로 그 부활의 텍스트라는 것입니다. 외람되지만 저는 한국에서 제일 처음 기호학회를 창설한 사람입니다. 기호가 그러니까, 그 정보가 생명이라는 것을 주장했던 셈이지요. 그래서 마르크스 이후 산업문명의 '물질 자본'이 이제 정보화 시대에서 '생명의 자본'으로 이동하는 생명화 시대가 온다고 말해왔던 겁니다. 어렵지만 중요한 대목이니 조금만 인내심 있게 들어주세요.

지금 일부 제조업이나 비즈니스 업계에서는 4차 산업혁명이라는 말을 쓰고 있지만, 인공지능과 같은 신기술은 옛날과 같은 산업계보다 정보 분야, 생명 분야에서 혁명을 일으키고 있는 것이지요. 그래서 전문용어로는 사이버 피지컬 시스템(cyber physical system), 바로 저 자신이 만들어 쓴 디지로그와 똑같은 용어입니다. 이병철 회장이 살았던 그 시대의 주류 기술이 ABC(atomic, biological, chemical), 우리말로는 화생방(化-生-放)이었다면 지금은 GNR(genetics, nanotechnology, robotics) 시대입니다. 유전공학, 나노기술, 로봇공학의 세 가지 기술혁명만 있으면 생명을 만들 수 있다고 하잖아요?"

– 그런데 세상이 아무리 달라져도 죽음은 누구에게나 공평한 것이었는데 그런 기술이 지배하는 세상에서는 죽음조차 차별화될 것이 아닙니까.

"그래서 신학이, 종교가 진짜 제구실을 해야 한다는 것입니다. 지금까지 인간이 살고 있는 세상은 어떤 정치제도나 사회구조, 그리고 발전한 경제, 어느 면에서도 성공을 못 했어요. 역설적으로 유일하게 '죽음'만이 그것을 성공시켰지요. 죽음 앞에서는 예외 없이 누구나 평등합니다. 제왕도 미천한 걸인도 죽기 때문이죠. 세상이 부조리하다고 하지만 죽음의 세계만은 공평하고 엄격합니다.

2200여 년 전 중국 진시황은 불로초를 찾아 영생을 꾀하려 했지만, 미래학자인 레이 커즈와일(Ray Kurzweil)은 현대 과학기술의 힘을 빌려 '영생의 꿈이 가능하다고 믿는다'고 했잖아요. 60대 후반인 그는 오래전부터 스스로 영생을 위한 식단을 짰다고 해요. 그의 영생 계획은 3단계입니다. 1단계는 실천, 그리고 생명공학 기술이 유전체를 재설계할 수 있는 2단계, 분자 나노기술이 인체 장기와 조직을 재생할 수 있는 3단계에 도달할 때까지 건강을 유지하기 위한 수단이죠.

그는 3단계 도달 시기를 20~25년 후로 보는데 그의 나이 80대 후반에서 90대 초반에 이르는 시기죠. 심지어 그는 하루 100알의 영양보충제를 먹는다고 해요. 알약을 복용하는 데 드는 비용은 하루에 수천 달러, 연간으로 셈하면 100만 달러(약 11억 원)가 족히 넘지요. 바로 이런 사람들에게 '사람은 모두 죽는다'는 그 죽음의 의미를 알려줘야 한다는 겁니다."

"'그 사람, 밥맛없어' 하는 사람과 결혼하잖아요"

– 이병철 회장의 스물네 가지 질문을 전체적으로 보면 우리 삶에서 가장 보편적이고 본질적인 물음이 아니었나 생각됩니다. 돌아가시기 직전 심오한 질문을 던졌다는 사실을 어떻게 받아들여야 할까요.

"방금 돌아가셨다고 했는데 어디로 돌아가셨나요. 벌써 한국말 속에 그 해답의 단서를 품고 있네요. 돌아가시기 전, 그분은 우리나라에서 가장 먼저 반도체를 일본에서 들여온 분이 아닌가요. 그걸 누구한테 물어보았겠어요? 반도체를 만드는 기술자나 기업인에게 물었겠지요. 그런데 죽음의 문제는 누구에게 묻지요. 신부, 목사, 스님과 같은 분들이겠지요. 이병철 회장이 죽음에 대해 질문하는 순간, 기업인이 어떻게 종교인이 되는가를 보여주는 것이고 그 자체가 해답이 되는 것이라고 봐요. 질문하는 순간 이미 이 회장은 달라지기 시작한 것이고, 이 달라지게 하는 것이 '죽음의 힘'이고 죽음이 우리에게 말을 건네는 것이니까요.

내가 세례를 받았다는 소문이 나자 많은 사람이 여러 질문을 해왔어요. 그중에는 '예수쟁이 된 기분이 어떻습니까' 하고 야유하는 사람도 있었지요. 그래서 제가 거꾸로 되물었어요. '욕쟁이 된 기분이 어떠냐'고요.

당신이 신을 욕하는 순간 이미 신에게 한 발자국 다가서고 있는 것이라고. 하나님에 대한 관심을 갖게 되었다는 증거니까요. 그 사람은 모르면 몰라도 지금쯤 기독교인이나 혹은 다른 종교를 믿고 있을 가능성이 큽니다. 뒤에 보면 대개 서로 아웅다웅 싸우고 '쟤, 밥맛없어'라고 욕하던 사람과 결혼하는 경우가 많지 않나요?"

"신이 산 것을 알았으니, 죽었다고 하지"

– 맞아요. 제가 그런 것 같습니다. (웃음)

"19세기 때 신을 제일 잘 안 사람이 바로 니체(Friedrich Wilhelm Nietzsche, 독일의 시인이자 철학자)였다고 생각해요. 신이 살아 있는 것을 알았으니까 신이 죽었다고 하지, 안 그래요?"

– 맞아요.

"신을 의식하지 않는 사람이 어떻게 (신이) 죽었다고 부정할 수 있겠어요. 얼마나 치열하게 갈구했으면 '신이 죽었다'고 했겠어요. 니체의 글을 읽어보세요. 초인(超人)이 바로 예수죠. 인간의 몸으로 나타나 인간의 한계를 뛰어넘은 사람이 바로 '예수'였기 때문이지요. 내 말이 믿기지 않으면 니체가 미치기 직전 어떤 모습을 하고 있었는지 생각해봐요."

이 선생은 그 유명한 〈토리노의 말〉로 이야기를 이어갔다.

"그가 이탈리아의 토리노에서 지낼 때입니다. 어느 날 기숙하던 방에서 나와 편지를 부치려고 토리노의 광장을 지나치려는 순간이었던 것이지요. 그때 마부가 힘에 겨워 마차를 끌지 못하고 서 있는 말을 사정없이 채찍으로 내리치는 광경을 봅니다. 니체는 그 노쇠한 말에게 달려가 목을 껴안고 채찍을 막아서며 '때리지 말라'고 울며 소리친 겁니다. 결국 광장 한복판 사람들이 환시(環視)하는 자리에서 니체는 쓰러져 병원에 실려갔지요. 그 뒤 그는 미친 상태로 영영 다시는 성한 사람으로 돌아오지 못한 채 죽고 말았어요. 토리노의 광장에서 미쳐 더 이상 인간이기를 그만둔 그 니체의 모습이 누구와 닮은 것 같은가요? 토리노의 광장을 골고다의 언덕으로 옮겨보세요. 말목을 끌어안고 대신 채찍을 맞으며 눈물을 흘렸던 그와 십자가에 매달려 면류관을 쓰고 피를 흘리던 한 사나이의 모습을 떠올려보세요. 누가 보입니까. 다만 예수님은 죽음을 부활로 넘어섰지만 니체는 죽음이 무엇인지 모른 채 그 앞에서 무릎을 꿇고 미쳐버린 겁니다."

토리노 광장과 골고다 언덕

— 니체는 죽음을 직면하지 못했지만, 죽음을 앞두고 이병철 회장은 삶과 영혼을 진지하게 탐색할 기회를 갖고 있었다는 말인가요.

"종교와 관계없이 사람이면 누구나 죽음에 직면했을 때 착해집니다. 『논어』에 나오는 증자의 말처럼 '조지장사(鳥之將死 其鳴也悲 人之將死其言也善, 새가 죽을 때 그 울음소리가 슬픈 것과 같이 사람이 죽을 때 본성으로 돌아가 착해진다)'라는 말이 있잖아요.
거꾸로 죽음이 찾아오면 더 집착하며 매달리는 사람도 있어요. 노추(老醜)야. 내 돈, 내 재산, 내 명예 같은 세속적 탐욕을 죽을 때까지 놓지 못하고 매달리며 죽음을 보지 못하는 사람들이지요. 대개 신을 믿지 않다가도 죽기 직전에 세례를 받는 경우가 많습니다. '지금까지 죽음이 생명과 다른 곳에 있는 줄 알았는데, 아…… 죽음이라는 것은 내가 태어날 때부터 함께 가지고 있었던 거구나' 하고 말이죠.

역설적으로, 생명이 뭔지 몰랐는데 죽는 순간 생명이란 게 뭔가를 비로소 깨달은 것이지. 죽음의 발견이 곧 생명의 발견이었던 거야. 태어나서 빛만 본 사람은 어둠을 모르는 게 아니라, 빛도 모르는 거예요."

– 죽는다고 하는 순간에 생명을 느낀다…….

"'당신 암이야'라고 선고를 받는 순간 갑자기 공기 맛이 달라져요. 방금 전까지 숨 쉬던 그 공기가 아닌 게지. 어제 보던 세상의 빛이 달라지는 것이지요. 아무리 하찮은 것들이라 해도 저것들을 이제 더는 보지 못한다고 생각하면 아주 다르게 보인다는 겁니다.

다 아는 이야기지만 사형수가 집행장에 갈 때 한 번은 땅을, 한 번은 하늘을 본다고 하지 않아요. 진흙이 앞에 있으면 피해 가고요. 그런 점에서 한 번도 우리는 나쁜 사람을 처형

한 적이 없다고 해도 과언이 아니지. 죽음 앞에선 그는 이미 악인도 잔혹한 범죄자도 아닌 게지."

– 이 회장도 죽음을 목도하고 종교적 물음이 생겨났던 것이군요.

"늘 그런 질문을 속으로 해왔는지도 모릅니다. 하지만 '바쁜 꿀벌은 슬픔을 모른다'는 속담처럼 죽음을 잊고 지내다가 불현듯 어느 한순간에 묵혀두었던 질문을 하게 된 것이라고 봐요. 아마 가장 가까운 (이 회장의) 형님이 돌아가신 것이 계기가 아니었을까 짐작합니다. 알렉산더 대왕이 부하와 씨름을 하다가 넘어지자 통곡을 하며 울었다는 이야기가 있지요. 부하가 민망해서 사죄하니까 대왕은 '야, 이 바보야. 내가 져서 우는 줄 아느냐'. 그러고는 '그 넓은 세상을 다 정복하고서도 죽으면 지금 누워 있는 이 땅의 넓이밖에는 필요치 않겠구나 하는 생각이 들어 서러워 운다'고 했답니다. 나는 그 얘기를 들은 뒤부터 땅에 대해 아무 욕심을 내지 않았죠. 그래서 지금까지 그 흔한 부동산 투자를 하지 않았나 봅니다." (웃음)

"죽음과 신은 부조리 속에 다가와"

– 이 회장의 스물네 가지 질문이 모두 절박한데, 그러나 그 질문이 다 적합한가요.

"죽음이란 무엇인가, 신은 존재하는가, 그것을 증명해봐라, 그런 질문 자체를 바꿔야 하지 않을까요? 그런 질문들은 이미 도마가 예수의 부활을 부정할 때 예수가, 보지 않고는 믿지 못하는 인간의 불행에 대해 이야기합니다. 그리고 손을 내밀지요. 손바닥에 난 못 자국의 흔적 말입니다. 이 흔적, 그 자국은 현존하는 것은 아니지만 분명 무엇이 일어났는지 알 수 있는 것이지요. 이 흔적이 우리에게 어떤 때 어떻게 나타나는가, 신이 우리에게 어떻게 현현하는가, 하는 것으로 고개를 돌려야 해요. 죽음이나 신은 what이 아니라 how와 when으로 또는 where로 파악하자는 것이죠. 알렉산더가 넘어져 땅에 누웠을 때 자신이 땅에 묻히는 형상이 떠오르고 그 순간에 죽음이 그 눈앞에 나타나요. 자신이 묻히는 땅의 넓이지요. 전쟁터에서 그렇게 무수한 죽음을 보았고 헤아릴 수 없이 지고 이기는 전쟁을 겪은 사람인데도, 엉뚱하게 씨름판에서 한가롭게 놀다가 죽음이 눈앞에 갑자기 나타난 것이지요. 결국 무패의 장군이 하찮은 모기 한 마리에게 물려 죽게 된 것처럼, 그렇게 죽음과 신은 합리적으로 설명할 수 없는 부조리 속에서 다가온다는 겁니다."

– 선생님은 그 죽음이 언제 어떻게 어디에서 나타나셨나요. '암'이라는 진단을 받았을 때였겠지요.

"맞아요. 그것은 지금까지 책에서 읽고 생각하던 죽음이 아니었어요. 아주 판이한 것이었지요. 「메멘토 모리」라고 나는 여섯 살 때의 죽음의 체험담까지 시로 써온 사람인데도 죽음은, 암은, 내 글과도 다른 낯선 모습을 하고 있었지요. 물론 사극에 나오는 저승사자의 모습 같은 것은 더더구나 아니지요. 달나라 사진을 찍은 것 같은 MRI의 화상이고, 나 자신의 몸이 빈 갯벌의 진흙 바닥의 구멍에서 갑자기 게들이 기어 나오는 것과 같은 그런 느낌이었어요. 캔서(cancer)라는 말이 '게'를 뜻하는 라틴 말에서 비롯된 것이라 그랬을 겁니다. 한자의 암(癌)과 같은 덩어리보다는 집게발이 달린 게가 기어 다니는 것, 축축한 진흙탕 갯바닥을 구멍 속으로 들락날락하는 것 같은 움직임으로 다가온 것이지요.

죽음은 무엇인가가 아니라 죽음은 그렇게 아주 구체적으로 게 구멍이나 게 발 같은 모양으로 나타난 겁니다. 그것도 텅 빈 갯벌 구멍에 숨어 있다가 갑자기 나타난 거죠. 종교도 하나님도 우리 앞에 아주 우연한 계기로 다가오는 것이지요. 바울(바오로)이 말에서 떨어지고, 루터가 광야에서 벼락을 만나고, 베드로가 고기를 잡던 어느 날 갑자기 말이지요."

"루터가 벼락을 만나고 베드로가 고기를 잡던 그날"

─ 그런데 종교마다 죽음을 대하는 방식이 전혀 다르게 나타나지 않습니까.

"죽음의 방식으로 이야기하자면 유불선(儒佛仙)에다 기독교가 있고, '전혀 믿지 않고 죽는 사람'까지 있지만 그중에서도 가장 죽음이 고통으로 나타나는 게 기독교가 아닐까 생각합니다. 각각 종교를 상징하는 인물로 우리는 석가, 공자, 노자 그리고 예수, 마호메트 같은 인물을 떠올리게 됩니다. 하지만 그중에서 죽음의 고통을 우리 앞에 직접 나타내 보인 것은 예수님입니다. 십자가에 못 박히고 피 흘리며 옆구리에도 선명한 창 자국이 있어요. 그리고 그 죽음의 과정과 디테일도 자세히 나타나 있습니다. '엘리 엘리 라마 사박다니(나의 하나님 나의 하나님 어찌하여 나를 버리셨나이까, 마 15:34)'라고 외치는 장면과 마지막에는 고통과 그 죽음을 받아들이며 '모든 것이 이루어졌다'며 평온하게 숨을 거두는 순간까지 말입니다. 그리고 최고 고통의 자리에서 지복의 새 생명(영생)이 거듭나는 부활의 기적을 말입니다."

고통과 죽음, 그리고 부활

이 선생의 말을 듣고 있자니, 예수처럼 세상의 고단한 순례를 극적으로 감내한 이가 또 있을까 하는 생각이 들었다. 탱자나무 울타리의 초록 가시처럼 예수의 죽음은 2000년이 지난 지금도 번뜩이며 인간의 죄와 구원을 증명하고 있다.

"영화로도 널리 알려진 『파이 이야기』의 한 장면에는 힌두교를 믿던 파이가 십자가의 예수상을 보고 감동을 하고 그 뒤부터 기독교도 함께 믿는 이야기가 나옵니다. 그러니까 타 종교가 좋다, 나쁘다가 아니라 다만 기독교는 죽음의 문제를 가장 리얼하게 고통으로 나타내 보인다는 면에서 다른 종교와 차이가 있다는 것입니다. 동시에 모든 종교와 통할 수 있는 입구를 가지고 있다는 이야기입니다. 제가 암 투병 중이지만 아무리 암의 고통이 커도 산 채로 십자가에 못 박혀 숨을 거두는 예수님과 비교할 수 있겠습니까. 이 지상의 어떤 사람도 그런 고통 속에서 그렇게는 안 죽어요. '가장 길고 가장 어두운 깜깜한 굴을 지나야만 베토벤의 〈환희의 송가〉가 울려 퍼지는 초원이 나타난다'는 역설을 통하지 않고는 기독교를 몸으로 느낄 수 없어요. 예수님 자신이 그렇게 말했지요. 헤어짐(죽음)은 산모가 애를 낳는 것 같은 크나큰 고통이지만 그것을 지나야만 새로운 생명과 만나는 기쁨을 얻을 수 있다고……."

– 그 점이 기독교와 다른 종교의 차이점이군요. 그래서 기독교인으로 죽음을 맞이하고 있다는 말씀이신가요.

"기독교로 세례 받은 이는 죽음의 고통에 직면했을 때 '하나님 나를 도와주세요' 하며 손을 내밉니다. 그런 의미에서 (기독교는) 타력(他力) 종교지요. 기독교는 인간의 힘, 혼자의 힘으로는 절대 안 돼요. 누군가가 끌어줘야 해요. 죽음 앞에 절망한 사람들은 저편에서 내미는 손을 잡으려고 합니다.

반면 불교는 철두철미하게 자력(自力)으로 업죄의 문제를 해결할 수 있다고 말하죠. 그래서 불구덩 속으로 들어가 소신공양을 할 수 있습니다. 유교에서 공자는 '내가 사는 것도 모르는데 죽음을 어찌 아느냐(未知生 焉知死)'고 했지요. 도교는 사람이 땅을 본받고 땅은 하늘을 본받고 하늘은 도를 본받고

도는 자연을 본받는다는 것으로, 인간은 신선(神仙)이 되어 자연 속으로 융합하는 거지(人法地 地法天 天法道 道法自然).

타력에 의존하지 않고 스스로 되는 것, 그런 점에서 기독교의 하나님이 '에고 에이미(ego eimi, 스스로 존재하는 것)'의 의미를 갖고 있는 것과 상통한다고도 볼 수 있어요.

제가 볼 때 이병철 회장은 살았을 때의 부(富)를 천당으로 가져가야지, 하는 생각에서 스물네 가지 질문을 던지진 않았어요. 죽음 앞에 부나 명예도 다 사라진다는 생각에 죽음을 상당 기간 준비하셨던 겁니다. 그걸 느껴요."

이 선생과 만난 지 한 시간여가 금방 지났다. 워밍업의 시간이 지나고 이병철 회장의 스물네 가지 질문 중 첫 질문을 던졌다. 기자는 절름발이 새끼 염소의 마음으로, 큰 걸음을 걷는 이 선생의 뒤를 따라갔다.

신이라는 말이 존재한다는 것은……

질문 1 신의 존재를 어떻게 증명할 수 있나? 신은 왜 자신의 존재를 똑똑히 드러내 보이지 않는가?

워밍업을 끝내고 스물네 가지 질문 중 첫 번째 질문을 던진다. '신의 존재를 어떻게 증명할 수 있는가.' 그런데 이미 이 선생은 질문 형식을 바꾸라고 했다. "그것이 정답이라고, 신을 증명하려고 하지 마라. 그러한 시험에 들지 말라 하는 것이 기독교의 첫 번째 메시지"라는 풀이였다.

어쩌면 평생 이 선생은 스물네 가지 질문에 대하여 하나하나 답변을 해온 셈이다.

이 선생은 "의문은 지성을 낳고, 믿음은 영성을 낳는다"고 했다. 그는 "질문은 의문이다. 그러나 물음표에 느낌표가 따르지 않으면 빈 깡통이 된다. 그리스인들은 그 느낌표를 얻기 위해 철학을 했다. 그리스 말로 '타우마제인'이라는 게다. 물음표는 지성이고 느낌표는 감성이요 영성이다. 나는 물음표와 느낌표 사이를, 그 문지방 사이를 아직도 헤매고 다닌다"고 말한다.

이 선생의 사유는 꼬리에 꼬리를 물었다. 다양한 이야기들이 현장에서 금방 건져 올린 생선처럼 싱싱했다. 특히 인상적이었던 것은 "'신학'에서 니은(ㄴ)을 빼면 '시학(詩學)'이 된다"고 한 말을 기억한다. 신의 존재를 시학으로 언어의 기호로 보여주려고 도전하고 모험한다.

"보세요. 물질적 현실은 다 똑같아요. 각설탕은 모양도 맛도 똑같아요. 그런데 그 각설탕을 아이들에게 줘보세요. 어떤 애는 그걸 먹어버리지만 어떤 애는 그걸 가지고 놀아요. 바벨탑처럼 쌓거나 집을 짓기도 하고 레고처럼 임기응변해서 여러 가지 형태를 만들어내요. 구축하는 것이지요. 그리고 아이들마다 달라요. 먹는 것은 같아도, 가지고 노는 것은 신기하게도 다 달라요. 하나님도 신도 사각형의 흰 각설탕 안에 존재하는 게 아니라 그것을 구축하는 아이의 영혼, 마음속에서 나타나는 거예요.

그러니까 종교적 영역은 지성의 영역이 아니라 영성의 영역입니다. 영성이 뭔지 모르겠으면 (인간 욕망의) 가장 밑에 있는 에로스의 사랑을 생각해봐요. 사랑하는 이를 위해 '정말 죽어도 좋아!'라고 목숨까지 걸잖아요. 가장 아래 단계에서 사다리 꼭대기까지 올라가면, 사다리에 걸려 있는 지붕 너머는 허공이야. 여기까진 발을 디딜 곳이 있는데 위에는 비어 있는 칸이죠. 그거(허공)를 밟고 올라가느냐 안 올라가느냐는 믿음밖에 없는 거야. 디뎠는데 없으면 떨어져 죽는 것이고…… 디뎌서 올라갈 수 있다면 그때부터 상승하는 것이죠."

이 선생은 뉴턴(Isaac Newton, 영국의 물리학자·천문학자)과 만유인력의 법칙을 설명하면서 신의 존재를 풀어갔다.

"여기 만유인력의 법칙이 있어요. 그 법칙은 과학이야. 떨어질 사과는 (나무 위에) 올라가 있어야 떨어져요. 올라가 있지 않은데 어떻게 떨어져요? 그런데 뉴턴이 사과가 떨어지는 걸 보고 중력을 알고 증명했다고 해요. 그런데 가만히 보니, 중력을 거슬러 나뭇가지에 사과가 열려 있네!

뉴턴처럼 머리 좋은 사람도 실은 모자라는 사람이지요. 자기는 사과가 떨어지는 낙하의 법칙으로 중력을 계산했다는데, 이 중력을 무슨 힘으로 거슬러 올라가 나무 꼭대기에 매달렸겠어요. 중력을 거슬러 올라가려는 나무와 사과의 생, 그리고 물결을 거슬러 올라가는 물고기의 역류, 뉴턴은 낙하는 알아도 상승은 몰랐던 겁니다. 어쩌면 뉴턴은 진짜 생명이 뭔지, 종교가 뭔지, 사랑이 뭔지 몰랐던 것은 아닐까요? 사실이에요. 뉴턴은 평생 여자와 사랑을 한 적이 없었다고 하잖아요. 그가 웃는 모습을 아무도 본 적이 없다고 해요."

"하나님도 아이의 영혼 마음속에 나타나"

— 뉴턴은 천재잖아요.

"뉴턴은 위대한 과학자이자 당대 하나님 다음가는 인물이었는지 몰라도 빨갛게 익은 사과가 하늘에 매달린 생명의 의미, 그걸 따먹는 어린아이의 행복한 미소 같은 삼척동자도 다 아는 생명의 신비는 몰랐던 거지. 낙하의 법칙은 알았어도 작은 풀이라도 하늘을 향해 올라가는 상승의 법칙은 몰랐던 거야. 그리고 중력(gravity, 重力)은 알아도 부력(levity, 浮力)이 뭔지는 관심이 없었던 것이지.

진화론은 신을 부정하는 게 아니라 오히려 신이 36억 년 전 생명이 태어나는 순간부터 존재해왔음을 증명하는 겁니다. 그래서 요즘 생물학자들은 그 힘을 '섬싱 그레이트(something great)'라고 부르죠. 생명을 안다는 게 바로 하나님을 아는 것이고 (하나님을) 증명하는 겁니다. 정자와 난자가 결합해 어제까지 없었던 생명이 생겨나고, 태내 열 달 동안 36억 년의 시간을 다 보내고, 달이 차면 지(자기)가 어떻게 알고 엄마 배 속에서 나오냐 그 말이에요.

이런 모든 것…… 과학으로 증명할 수 없는 모든 것을 인간이 어떻게 알아요? (신을) 모른다가 정답이지, '있다, 없다'는 말은 거짓이에요. 신이 있느냐, 없느냐가 아니라 신을 모르는 거지요. 미지(未知)의 존재니까 더 생각하는 것이에요.

소크라테스가 한 말, '모른다는 것을 아는 것이 현자의 길이요, 믿는 자의 사다리'라고, 마지막 모르는 것을 알기 위해서 우리는 슬프고 무섭고 외롭고 고통스러운 죽음의 현장 속

으로 뛰어들어가는 겁니다. 불나방처럼 타 죽는 것을 알면서
날 끌어당기는 기막힌 힘, 그것이 우리가 찾고 구하는 신의
모습이죠."

　　기자는 이 선생의 이야기를 듣고 있자니 2011년에 펴낸
『의문은 지성을 낳고 믿음은 영성을 낳는다』(열림원)에 실린
서시(序詩)「어떤 개인 날」이 떠올랐다.

　　　태양은 혼자의 힘으로 빛나는 것은 아니다
　　　비나 구름 그리고 어둠과 함께 있을 때
　　　빛은 비로소 빛이 된다

　　　사막의 모래알을 비출 때 태양은 저주지만
　　　풀잎 이슬 위로 쏟아지면 축복이다
　　　태양이 이슬에 젖는 순간마다 태양빛은 새로워진다

　　　하나님은 우리에게 밤을 주신 것이 아니라
　　　밤을 통해서 새벽의 빛을 주신 것이다
　　　하나님은 우리에게 홍수를 주신 것이 아니라
　　　홍수로 인해 아름다운 무지개를 주신 것이다

하나님은 우리에게 죽음을 주신 것이 아니라
죽음으로 하여 아름다워지는 생명을 주신 것이다
태양은 흑점의 어둠이 있어 빛나는 것이다

— 이어령「어떤 개인 날」전문

"어찌 인간의 지혜로
신의 뜻을 헤아릴 수 있을꼬……"

두 달 전 이어령 선생은 빈자의 제단을 밝히는 작은 촛불 앞에 기도하는 농부의 마음으로 신과 영혼, 죽음의 이야기를 하겠다고 말했다. 그는 〈월간조선〉과 두 번째 촛불을 밝혔다. 순례자의 맨발 같은 마음으로 우리는 삼성 창업주 고(故) 이병철 회장이 던진 스물네 가지 질문에 하나씩 다가섰다.

제단 앞에 선 이어령 선생은 비록 두건을 쓰고 허리띠를 질 끈 맨 순례자는 아니었으나 머리 위에 재를 뿌린 듯 백발이 었다. 백발의 노(老)선생 입에서 흘러나온 음성은 투병 중인 환자의 음성이 아니었다. 여전히 쩡쩡하고 거침이 없었다.

그러나 긴 소매 속에 설교 원고를 집어넣고 말하는 자신만

만한 말투가 아니었다. 쉽게 예로 들며 때로 진지하게, 때로 아이처럼 활짝 웃으며 평생 맞춰온 거대한 해도(海圖) 조각들을 기자에게 설핏설핏 보여주었다.

선생은 오랫동안 무신론자였다. 자신이 그린 해도가 외롭고 황량한 사막일 수도, 늑대와 승냥이가 아우성치는 정글일 수도 있겠다는 생각이 들었다. 그러나 벌겋게 달군 쇠붙이처럼 치열한 사색의 길을 걸어 결국 유신론자가 되었다. 조물주의 현현하심과 만날 수 있었던 것이다. 그 길이 "'지성에서 영성으로' 이어진 길이었다"고 선생은 고백했다.

우리가 다시 만난 것은 지난 9월 5일 서울 평창동 영인문학관에서였다. 그가 밝힌 제단 위 두 번째 촛불이 시들지 않은 꽃이었으면 좋겠다는 생각을 해보았다. 이병철 회장 하면 '재벌', 이어령 선생 하면 '지성'이라는 말이 떠오르기에 본격적인 질문에 앞서 "부자가 죽어서 천당에 갈 수 있는가" 하는 화두부터 꺼내보았다.

– 성경에 "낙타가 바늘귀로 들어가는 것이 부자가 하나님의 나라에 들어가는 것보다 쉬우니라"라는 말이 있어요. 가진 것이 많은 부자가 모든 것을 비우고 진리를 향해 달려가기가 아무래도 어렵다는 의미로 하신 말씀 같은데요.

"아! 낙타와 바늘귀 이야기 말인가요. 솔직히 말해 처음 성구(聖句)를 접하고 나는 부자가 천당에 들어갈 수 있느냐 없느냐보다는 낙타가 바늘귀로 들어간다고 한 그 비유에 더 관심이 쏠렸죠. 글을 쓰는 사람이라 당연히 재미있고 신기하게 생각했던 거지. 그런데 그게 오역이라는 거야.

원래는 예수님이 하신 말씀은 아람 말로, '부자가 하늘나라에 들어가는 것보다 밧줄(gamta)이 바늘귀로 들어가는 것이 더 쉽다'였는데 그리스 말로 옮기는 과정에서 그만 그 말과 아주 비슷한 낙타(gamla)로 둔갑하게 되었다는 겁니다. 그리고 그와 조금 다른 설로는 그리스 말로 밧줄을 뜻하는 kamilos를 낙타의 kamelos와 혼동한 것이라는 주장도 나왔고요. 그래서 나는 이따금 대학에서 강의를 하거나 글을 쓸 때 낙타냐, 밧줄이냐 하는 이 문제를 다루게 된 적이 있었던 거죠."

'낙타냐, 밧줄이냐' 혼동? 오역?

"그런데 뜻밖에 예수님 말씀을 모독했다고 항의와 반론이 들어오면서 난리가 난 거지. 마태(마태오), 마가(마르코), 누가(루카)의 세 복음서에 나오는 성구란 그리 흔한 게 아니죠. 30~40년 전 그때만 해도 인터넷이 없고 정보 접근도 어려

위 믿는 사람이든 안 믿는 사람이든 요즘 말로 '멘붕'이 일어
난 겁니다."

– 그래 그 뒤에 어떻게 되었나요.

무신론자로서 한창 지성의 전도사 역할을 하던 그때의 이
선생 모습이 궁금해 말을 재촉했다.

"뭐, 지적 호기심에 불이 붙게 된 거지. 그 일을 계기로 지
금까지 계속 낙타 비유와 씨름을 하게 된 겁니다."

그러고는 지적 호기심이 창조적 상상력으로 향해가는 역
정이 펼쳐진다.

"원래 낙타를 뜻하는 아람 말 '감라'에는 네 가지 다른 뜻이
있다고 해요. '낙타' '배의 밧줄' '큰 개미' 그리고 '서까래'까
지……."

– 그렇다면 예수님은 낙타와 밧줄이 동시에 내포된 다의적
인 수사법을 쓴 것일 수 있다는 해석도 가능하다는 거죠.

"자료를 찾다 보면 히브리어, 헬라어(고대 그리스어)까지 등장하는 거예요. 히브리어로 된 성서에는 '부자가 하늘나라로 들어가는 것보다는 밧줄이 바늘귀(구멍)로 들어가는 것이 더 쉬우니라'로 되어 있다는 겁니다.

무엇보다 저를 헷갈리게 한 것은 낙타와 바늘구멍의 관계는 단순한 비유가 아니라 당시 실제로 있었던 역사적 사실이라는 거였어요. 예루살렘은 밤이 되면 적을 방어하기 위해 성문을 닫고 좁은 쪽문으로 드나들도록 되어 있었다는 겁니다.

그 좁은 문을 '바늘구멍(the eye of the needle gate)'이라고 불렀어요. 이 좁은 문으로 들어가려면 낙타의 안장과 짐을 다 내려놓아야만 들어갈 수가 있었다고 해요. 부자가 모든 재산을 내려놓고 낙타처럼 두 발을 꿇지 않고서는 천국으로 들어가지 못한다는 강렬한 메시지가 담겨 있다는 겁니다. 하지만 이것 역시 따지고 들어가 보았더니 어떤 역사책이나 고문헌에서도 '바늘구멍'이라는 문은 찾아볼 수 없었다는 겁니다."

걱정이 들었다. 이 서두만으로 몇 시간이 흐를 것 같았다. 본론으로 들어가기 위해 기자 스스로 결론을 냈다.

– "의문은 지성을 낳고, 믿음은 영성을 낳는다"고 하셨는

데 그래서 결국 도달한 것이 믿음의 영성에서 해답을 찾으셨다는……

기자의 말이 끝나기도 전에 선생은 말했다.

"바로 그거예요. '지성은 낙타냐 밧줄이냐'를 따지다가 막상 본질은 놓쳐요. 중요한 것은 과연 부자는 천국에 갈 수 있느냐 없느냐에 있는데……. 그래서 현대의 지성인이 도달한 결론은 '천국에 들어가지 못한 낙타는 동물원으로 가면 된다'이지요. 낙타는 더 이상 무거운 짐을 지지 않아도 됩니다. 사풍과 갈증과 작렬하는 태양 아래 허덕이지 않아도 되니까. 이게 바로 현대인들이 추구하는 천당이라는 것이지요."

선생은 웃으며 농담을 했지만 그 안에 진실의 뼈가 숨겨져 있었다.

이어 선생은 진지한 표정으로 돌아왔다. 그리고 바늘귀의 좁은 구멍을 통과하지 못하고 그 앞에서 주저하고 있던 낙타는 동물원이 아니라 전설의 몽골 초원으로 간다.

"낙타에 관한 몽골의 전설이 있지요. 원래 낙타에게는 뿔이 있었는데 어느 날 사슴이 와서 빌려달라기에 인심 좋게 자기 뿔을 빌려줬다는 거죠. 그런데 아무리 기다려도 뿔을 돌려주지 않는 거예요. 낙타는 이제나 그제나 사슴이 오나 하고 뭔가를 기다리는 것처럼 지금도 사막 끝을 바라보고 있다는 겁니다. 그런 낙타처럼 우리도 무언가를 등에 잔뜩 짊어진 채 삶이라는 황량한 사막에서 무언가를 기다리지요. 우리가 상실한 뿔 같은 것…… 그 옛날 에덴동산의 추억일 수도, 영원한 삶을 사는 천국이라고 해도 좋겠지요. 어쨌든 우리는 허망하기 짝이 없는 현세의 것들을 찾아 등짐을 지기 바빠서 하나님이나 진리를 보지 못해요. 우리는 슬픈 눈으로 뭔가를 막연히 기다리고 있는 낙타와 같습니다. 그게 종교를 향한 마음, 영성을 향한 마음이겠죠."

그러고는 뜸을 들이던 결론을 냈다.

"낙타와 바늘귀의 비유는 '부자는 하늘나라에 절대로 들어갈 수 없다'는 뜻이지요. 하지만 부자만이 아니라, 사람이면 부자든 가난한 사람이든 왕이든 걸인이든 절대로 하늘나라에 들어갈 수 없다는 뜻이기도 해요."

다시 너희에게 말하노니 약대가 바늘귀로 들어가는 것이……

그런데도 많은 사람이 낙타와 바늘귀 대목만 읽고 바로 다음 구절을 제대로 읽지 않아서 마치 부자의 경우만 꼭 집어 이야기한 것으로 오해하고 있다는 설명인 것이다. 심지어 교회의 교직자까지 말이다. 그리고 선생은 마태복음 19장 24절에서 26절까지 직접 읽어준다.

"'다시 너희에게 말하노니 낙타가 바늘귀로 들어가는 것이 부자가 하나님의 나라에 들어가는 것보다 쉬우니라 하시니 / 제자들이 듣고 몹시 놀라 이르되 그렇다면 누가 구원을 얻을 수 있으리이까 / 예수께서 그들을 보시며 이르시되 사람으로는 할 수 없으나 하나님으로서는 다 하실 수 있느니라.'

낙타 비유가 끝나자 제자들이 놀라 '그렇다면 누가 천당에 들어갈 자입니까'라고 물었을 때 예수님은 분명하게 말씀하셨죠. '사람으로는 할 수 없고 오로지 하나님의 힘으로만 가능하다'고요. 여기에서 하늘나라란 '영원한 생명'을 의미합니다. 인간이면 누구나 죽는데 가난한 자도 부자도 걸인도 왕도 말이죠. 바로 그런 말씀을 하신 겁니다. 그러니까 낙타와 바늘귀 비유는 꼭 부자만을 꼭 집어 말한 것이 아니라 어떤 인간이든 인간의 힘으로는 영생을 얻지 못한다는 말을 강조하기 위해서 한 말이라는 것이 명백합니다. 다만 지상의 가치를 버려야 하는데 부자는 가진 것이 많아 버리기가 남보다 힘들다는 것뿐입니다. 한마디로 구약은 물론이고 신약까지 포함해서 '부' 자체를 비난한 대목은 없습니다. 오히려 하나님의 은사로 나타나 있지요. 하지만 그 부도 죽음을 이기지 못합니다."

선생은 낙타와 바늘의 비유를 통해 이병철 회장의 스물네 개의 질문 중 열여섯 번째 질문, '부자는 악인이란 말인가'에 대해 이미 답을 했다. 동시에 아홉 번째 질문('종교란 무엇인가? 왜 인간에게 필요한가?')도 일부 답한 셈이다.

그에게 단답형으로 묻고 답을 기다리기가 어려웠다. 하나의 답변이 다른 질문의 답변과 이어지고, 그 이어진 질문이 다시 처음으로, 혹은 또 다른 답변과 씨줄과 날줄로 연결돼 있었다. 기자는 그의 말에 토를 달지 않았다. 선생은 답답했던지 "반박을 해달라"고 했지만 온전히 경청하며 침묵했다.

질문 4 언젠가 생명의 합성, 무병장수의 시대도 가능할 것 같다. 이처럼 과학이 끝없이 발달하면 신의 존재도 부인되는 것이 아닌가?

질문 7 예수는 우리의 죄를 대신 속죄하기 위해 죽었다는데, 우리의 죄란 무엇인가? 왜 우리로 하여금 죄를 짓게 내버려 두었는가?

"30여 년 전 이병철 회장이 말한 진화론은 현재 어디에도 존재하지 않아요. 진화론이란 과학 자체가 그때와 달라져버렸어요. 그땐 양자역학(量子力學)이라는 말도, 뉴사이언스(new science)라는 단어도 없었어요. 지금은 과학 자체가 상식이 되었죠.

이 회장이 말씀하신 '과학'은 영어로 사이언스인데 18세기 이후의 학문이잖아요. 실험으로 증명 가능한 자연과학을 뜻하는 말이지만 번역을 잘못한 거야. '지식'이라 번역해야 옳은 거예요. 안 그래요?

서양 말로 사이언스는 그냥 지식이라니까. 과학이 별거야? 지식이지. 옛 신화 시절의 지식이나 휴먼 사이언스, 테크노 사이언스 같은 이 시대의 사이언스는 다 같은 지식이에요. 번역을 과학으로 할 뿐이죠.

성경으로 돌아가서, 에덴동산에서 따 먹은 선악의 열매는 과학의 열매이자 지식·지혜의 열매잖아요. 지식을 갖추면 선악을 판단할 수 있으니 선악과는 지식의 열매죠. 그걸 따서 먹으면 하나님처럼 눈이 밝아져 선과 악을 판단할 줄 알게 된다는 말이에요. 그런데 선악을 판단하는 게 왜 나쁜 거야? 얼마나 나쁘기에 하나님이 그 이후 에덴동산 동쪽에 번쩍이는 화염 검, 불 칼을 세워 생명나무에 이르는 길을 지키게 하셨을까요?

바로 선악과에서 인간의 지식이, 과학이 출발합니다. 그러나 그 지식 자체가 원죄(原罪)인 것이죠. 인간인 호모 사피엔스가 선악과를 먹고 호모 데우스가 된 것이에요. 호모(homo)는 사람 속(屬)을 뜻하는 학명이고, '데우스(deus)'는 라틴어에서 온 말로 '신'이라는 뜻이니, 호모 데우스는 '신이 된 인간'이란 뜻이죠.

그런데 인간은 신은커녕 혼자 할 수 있는 게 아무것도 없어요. 아이 낳는 데 산파가 있어요, 없어요? 산파 없이 아이를 낳아? 소크라테스 엄마가 누구여. 산파였어. 하하하."

선악과, 바벨탑, 호모 데우스, 프로메테우스의 죄

"소크라테스가 태어날 때 하나님이 주신 능력대로 태어났어요? 산모 옆에서 산파가 애를 받아내지 않으면 태어나지 못해, 인간은……. 제 엄마가 산파여도 (산파 없인) 소크라테스도 못 태어나요. 하나님이 (인간을) 버린 거야. 돼지나 소에게 산파가 있어요? 없어도 잘도 낳잖아요. 동물은 스스로 낳고 살지만 인간은 그렇지 못해요. 이 이야기는 초등학생도 아는 이야기예요.

호모 사피엔스들이 오늘날의 과학기술에 의해 신이 된다는데, 선악과를 따 먹던 그 시절의 이야기와 다를 게 없어요. 인간이 인공지능(AI)을 발명해 방대한 양의 빅 데이터를 집어넣을 수 있으니까 인간이 호모 데우스가 된다고?

이 이야기는 창세기 시절, 바벨탑을 쌓던 사람들 이야기와 똑같다고요. 돌은 하나님이 만든 것이지만, 인간이 만든 역청과 벽돌 굽는 지식만 있으면 사람이 하늘까지 바벨탑을 쌓을 수 있다고 생각했죠. 하늘까지 올라간다는 말은 하나님이 된다는 거예요. 저 높은 곳에 사는 신처럼 인간도 높은 데 가서 살 수가 있다고 생각해서 바벨탑을 쌓은 겁니다.

그러자 하나님이 에덴에서 인간을 쫓아냈듯 또 한 번 내친 거야. 그러면 하나님은 왜 인간이 당신처럼 되면 큰일이 난다고 생각하셨을까. 화염 검, 불 칼을 세워 생명나무에 이르는 길을 지키게 하셨을까? 그걸 답변해야 돼. 노예들이 시민 계급이 못 되게 막는 것과 똑같잖아. 하나님이 그런 사람이야? 그런 신을 인간이 왜 믿어요?

제우스와 프로메테우스 이야기도 딱 들어맞는 이야기죠.

프로메테우스는 제우스 몰래 인간에게 불을 훔쳐다 줬잖아요. 신의 불을 인간에게 갖다줬는데 누가 더 인간을 생각한 거겠어요? 프로메테우스예요? 제우스예요?

다들 프로메테우스가 인간을 위한 것이라고 생각하는데 아니야. 제우스가 볼 때 인간은 불완전한 존재야. 신 같은 완전한 존재에게나 불이 필요하지, 저것들한테 왜 불이 필요해? 하고 생각한 거지. 그런데 인간에게 불을 줘서 어떻게 됐어요? 밤낮 불 지르고 전쟁을 일으키며 미사일이나 쏘고…… 결국 인간을 더 불행하게 만들고 말았어요. 프로메테우스가 나쁜 놈이지. 인간을 위하는 척하면서 (불을) 훔쳐다 주니까 우리가 고맙다고는 했지만 그게 선악과를 따 먹게 한 뱀과 같은 존재지.

맥이 풀려, 안 풀려. 풀리지? 사탄이 신을 거역하기 위해 선악과를 먹으라고 권한 거잖아. 프로메테우스가 제우스를 골탕 먹이려고 불을 갖다준 거잖아. 아가리(아귀)가 딱 맞아. 똑같은 이야기입니다.

잘 생각해봐요. 인간은 하나님이 흙으로 만든 존재인데 하나님과 대등한 지능, 지식을 가졌으니까 신처럼 된다? 인간이 만든 AI가, 로봇이 어느 날 인간과 똑같이 생각하고 인간을 조종하려 든다고 가정해봐요. 내가 만든 놈인데……, 우리가 만든 AI가, 예측할 수 없이 우리가 모르는 짓을 하면 어떻게 해요? 하나님의 피조물인 우리가 지혜의 열매를 따 먹은 것과 컴퓨터에다 AI를 집어넣었더니 그놈들이 우리(인간)가 모르는 짓을 하는 것과 똑같은 것 아니에요?"

"욕망에 가득 찬 불완전한 피조물이 지식만으로 조물주처럼 된다고?"

"내가 만든 놈인데, 저놈이 내 의지대로 안 움직이고 제멋대로 하는데 저걸 그냥 둬요? AI는 도덕도 정의감도 없는 기계야. 무슨 짓을 할지 몰라요. 마찬가지로 흙으로 빚은 인간이 하나님과 같은 지식을 가진다고 하나님이 될 수 있어요? 욕망에 가득 찬 불완전한 피조물이 지식만으로 조물주처럼 된다고 생각해요?

지금 법원에 가보세요. 얼마나 많은 재판을 엉터리로 하고 있나요? 인간이 선악을 어떻게 알고 판정해요? 그러니까 톨스토이는 재판 자체를 부정한 겁니다. '인간이 인간을 재판할 수 없다!' 왜냐? 인간은 완전하지 못하니까. DNA 오류로 무고한 사형수가 얼마나 많이 죽었는지 몰라.

얼마나 억울하겠어? 그럼, 판사가 나빠서 죽였겠어요? 인간의 한계가 그렇다는 거야. 하나님께서는 그런 인간의 죄를 잘 아시지. 불쌍하니까 대신 예수님을 보내신 거잖아요.

사람들은 말(馬)이 처음 나타났을 때 놀랐지. 그런 말과 인간이 뜀박질 경쟁에서 이겨요? 못 이겨요. 그래서 말을 천리마(千里馬)니 에쿠스, 페가수스라고 불렀죠. 한마디로 신이란 얘기예요. 그런데 어느 날 인간이 말을 뒤쫓아가봤어요. 뒤쫓다가 발에 차여 죽었어요. 그러다가 우연히 말 등에 올라타게 됐어요. 이후 고삐를 채우고 재갈을 물리면서 말은 인간에게 큰 미덕이 되었죠.

AI도 마찬가지야. AI가 아니라 세상 무엇이 나와도 인간이 제어할 수 있으면 되는 것이고, 올라타지 못하면 발길에 차이는 거야. 미래학자 레이 커즈와일이 2040년 인공지능의 발전이 가속화되어 인류의 지성을 합친 것보다 뛰어난 초(超)인공지능이 출현한다고 보았죠. 정답은 인간이 기술적 특이점(technological singularity)에 올라타느냐 여부에 달려 있어요.

인공지능 알파고(AlphaGo)를 영국의 딥마인드(DeepMind)사가 개발할 때 그 팀에 처음부터 목사가 있었다고 해요. 목사와 같이 개발하니까 나쁜 짓을 못 한 거죠. 이 기술을 구글에 팔았을 때도 목사가 사인을 안 하면 절대 개발할 수 없도록 위원회를 만들면 팔겠다는 조건을 내걸었다는 거야."

질문 3 생물학자들은 인간도 오랜 진화 과정의 산물이라고 하는데, 신의 인간 창조와 어떻게 다른가?

질문 5 신이 인간을 사랑했다면 왜 고통과 불행과 죽음을 주었는가?

"하나님은 인간을 사랑하면서 왜 전쟁과 질병, 죽음을 주셨을까요. 신을 부정하는 진화론자들은 생명을 경쟁, 적자생존 같은 단어로 표현하죠. 진화론에 따르면 인간은 스스로 인구를 조절하도록 돼 있다고 합니다. 사실 과거엔 인간을 엄청나게 죽였어요. 죽이는 게 상식이었죠. 기독교가 널리 퍼지면서 덜 죽였어요. 그리고 낙태…… 인간은 아이를 낳기만 하는 게 아니라 죽이기도 했어요. 왜 그랬겠어요?

스칸디나비아 반도에 레밍이란 쥐가 있어요. 3~4년에 한 번씩 레밍의 개체 수가 폭발적으로 늘어나는데 결국 먹을 것이 없게 된다고 해요. 그때 레밍 한 마리가 절벽에서 뛰어내리는데 그걸 보고 다른 레밍이 뒤를 따르고, 뒤쫓는 레밍의 뒤를 다시 수많은 레밍이 따라간다는 겁니다. 앞선 레밍이 죽기 싫어도 뒤에 줄지어 오는 수많은 레밍이 밀어붙이는 바람에 계속해서 뛰어내립니다.

모든 생물이 한 환경에서 개체 수가 갑자기 늘면 죽일 수밖에 없어요. 그게 자비야. 안 죽이면 다 죽으니까. 그러니까 진화생물학자인 리처드 도킨스(Richard Dawkins)도 '개인 대 개인을 보면 잔인한 것 같지만 원래 생명진화의 전략은 인구를 낳기도 하지만 억제하기도 한다'고 말했죠. 하나님이 아브라함에게 '네 자손이 하늘의 별과 같이 많을 것'이라고 말씀하셨지만 동시에 자연은, 모든 생물은, 그 개체 수가 늘면 억제하도록 하셨죠. 인간의 입장에선 낳는 것은 자연의 일부인데 왜 죽이냐고? 죽이지 않으면 다 죽으니까요.

가령 인간은 근친상간(近親相姦)을 못 하도록 돼 있잖아요. 인간만 근친상간을 못 하게 막은 줄 알지만 아니에요. 묘한 게…… 꽃은 암술, 수술이 있습니다. 이 암술과 수술이 만나 씨앗을 어떻게 만드는지 알면 놀라워요. 지(자기)들끼리 만들지 않고 먼 데 날아가 암술은 다른 꽃의 수술과 저 수술은 다른 꽃의 암술과 수정이 된다, 이 말이에요. 생물은 한 지역에서만 자라면 작은 기후 변화에도 적응을 못 해 다 죽고 말아요. 되도록 멀리 가서 다른 환경의 동식물과 만나야 유전자가 달라지는 겁니다."

진화론의 진화(進化)

"유명한 미국의 옐로스톤 국립공원(Yellowstone National Park)

이야기가 있어요. 이 공원에서는 토끼들이 늑대(silver wolf)의 밥이었어요. 물어뜯기면서도 소리조차 지르지 못하는 참 불쌍한 토끼들이었죠. 그래서 사람들이 늑대를 옐로스톤에서 전부 몰아내고 불쌍한 토끼를 보호했더니 토끼들이 자꾸 새끼를 치고 개체 수가 초원의 풀밭이 감당할 수 있는 것보다 더 많아졌어요. 결국 풀을 전부 뜯어 먹어 초원 전체가 사막이 되었다고 해요.

그래서 늑대 50마리를 다시 '모셔다가' 풀어놓으니 자연이 회복되었다고 합니다. 어찌 그걸 인간이 아는고…… 그러니까 지식 가지고는, 정보 가지고는 안 돼. 빅 데이터로도 안 돼요.

이젠 진화론도 진화하고 있어요. 과거엔 약육강식, 포식이 진화라고 믿었죠. 숲의 왕인 사자 같은 우등한 개체가 진화한다고 생각했어요. 토머스 홉스의 『리바이어던(Leviathan)』(1651)은 진화론으로 보면 '포식주의'를 의미하죠. 강한 놈은 살아남고 약한 놈은 죽는다는 식입니다.

그런데 진화론을 가만히 들여다보니 사자가 센 놈이 아니야. 사자의 개체 수는 주는데 쥐들은 여전하단 말이에요. 그러고 보니까 사자가 약한 놈이네. 토끼가 없으면, 영양이 없으면 사자는 죽어요. 그러니까 사자가 기생(寄生)한 것이죠. 모든 초식동물은 풀에 기생하고 육식동물은 초식동물이 없으면 다 죽죠. 실제 강한 놈은 식물이고 그게 원형인 셈이지요. 그러고 보니 영화 제목처럼 다 '기생충'이네……

패러사이티즘(parasitism, 기생)이란 말처럼 모든 생태계가 기생 관계로, 먹이사슬이 기생으로 연결돼 있다고 본 것입니다. 인간관계도 마찬가지죠. 여태까지 귀족이 센 줄 알았는데 농민에게 기생한 거야? 그러니까 숙주 관계란 얘기죠. 농민이 없으면 귀족은 못 살아요. 그렇게 1980년대 들어 진화를 포식의 관계에서 보던 관점이 '기생체계'로 바뀌었어요.

그러나 진화론은 또다시 바뀌고 있어요. 심바이오시스(symbiosis), 공생(共生) 관계로 봅니다. 모든 생물은, 생물에 기생하는 세포조차 그냥 기생하는 것이 아니라 함께 공생한다 봐요. 모든 생물은 서로 의존 관계에 있으니까요. 겉으론 잡아먹히는 것 같아도 토끼가 늑대를 '고용'한 겁니다. 자기 개체 수가 많으면 다 죽으니까 늑대가 나타나 병들고 약한 토끼들을 잡아줘야 강하고 튼튼한 놈이 나온다는 것이죠. 그래서 공생은 생물학적, 진화론적 전략이란 겁니다."

레밍, 근친상간, 옐로스톤, 암흑에너지, 암흑물질

"어찌 우리 지혜로 하나님의 뜻, 자연의 뜻을 헤아릴 수 있을꼬…… 우리도 자연물의 하나인데 어떻게 알까요.

정부가 계획경제를 세우면 국민이 다 잘살 것 같지요? 여기서 만지면 저기서 터지고, 저기 터진 곳을 만지면 여기서 다시 터져. 안 되는 거야. 그러니까 사회주의, 계획경제가 다 실패하는 거야. 시장은 인간보다 훨씬 뛰어난 자생력으로 서로 얽혀서 생태계를 만드는 겁니다. 그걸 애덤 스미스가 뭐라고 그랬어요? '보이지 않는 손'이라고 했어요. 보이지 않는 손을 신이라고 하면 안 되나요? 시장 하나도 인위적으로 안 되는데, 인간의 능력과 지혜로 이해가 안 되는데, 그 기술로 삼라만상을 어찌 알 수 있겠습니까.

자, 우주는 물질로 돼 있다고 유물론자는 말하죠. 그리고 눈으로 볼 수 있는 것은 다 증명이 된다고 말해요. 블랙홀이니 뭐니 하면서 말이죠. 웃기는 소리 하지 마세요.

우주를 구성하는 물질 중 우리가 관측할 수 있는 보통의 물질은 4%에 지나지 않는다고 합니다. 존재하는 것의 73%가 암흑에너지(dark energy)이고, 23%가 암흑물질(dark matter)이라고 해요. 이 4%도 대부분 우주 공간에 흩어져 있는 먼지나 기체라고 해요. 지구와 태양, 그리고 별과 은하를 구성하고 있는 물질은 전체 에너지의 0.4%에 지나지 않습니다.

우리는 이제 겨우 0.4%에 지나지 않은 희미한 불빛에 의존하여 칠흑같이 검은 우주를 탐사해야만 하죠. 신의 오묘한 진리를 드러내기 위해 과학이 시작됐다고 합니다.

과학자들은 말하죠. 하나의 문을 열고 들어가면 그 안에 100개의 문이 있고, 그 100개의 문을 열고 들어가면 다시 또 다른 1000개의 문이 나온다고요.

과학이 덜 발달하면 무신론자가 되고, 오히려 더 발달하면 신의 존재를 느끼게 됩니다. 과학이 발달할수록 '어! 신이 정말 존재하네' '우리가 몰랐는데 이런 데까지 신의 손이 닿아 있네'. 과학으로 신이 증명되는 간단한 예가 인터넷이에요. 하나님은 여기에도 있고 미국에도 있고 프랑스에도 있어요. 그것도 동시에. 인터넷도 그렇잖아요. 아이디와 비밀번호만 있으면 다른 세상에 접속이 돼서 실시간으로 이메일을 보내고 댓글도 입력하며 수많은 정보를 한눈에 볼 수 있죠. 또 트위터, 페이스북에서 연락이 끊긴 친구도 쉽게 찾을 수 있습니다. '하나님이 있다는 거 너 봤어?' 하고 따지는 이들에게 인터넷의 가상 세계를 이용해 설명하면 알지 않겠어요?"

질문 2 신은 우주 만물의 창조주라는데 무엇으로 증명(證明)할 수 있는가?

"세계적인 기업인 이병철 회장은 돈을 '증명'할 수 있었을까요? 아마 돈을 증명할 수 있다고 생각했을 테지만 실은 증명이 안 돼요. 예를 들어 5만 원과 5000원의 가치를 설명하려면 물질적으로 둘을 증명할 수 있어야 하잖아요. 과거 금태환 시절에는 가능했죠.

'태환(兌換)'은 화폐를 금(金)으로 교환할 수 있다는 의미잖아요. 태환 화폐는 금과 교환이 가능했던 1971년 이전의 달러를 의미합니다. 1971년 미국 닉슨 대통령은 더는 달러를 금으로 교환해줄 수 없다고 선언했지요. 금으로 못 바꾸는 불(不)태환 화폐는 종이 쪼가리야. 뭘로 믿어요. 물질을 믿는 거예요? 금융 시스템을 믿는 거지요. 종교도, 하나님도 시스템이지 물질은 아니라는 겁니다.

이병철 회장은, 신의 존재는 증명할 수 없어도 돈의 가치는 증명할 수 있다고 믿었는데, 실제로 불태환이 되니 물질도 증명할 수 없게 됐어요. 미국 달러를 안 쓰는 사람에게 달러화는 그냥 종이 쪼가리죠. 그 사람들에게 하나님 역시 (믿을 수 없는) 쪼가리에 불가해요. 화폐개혁을 하면 순간, 지폐는 휴지 조각이 됩니다. 그러고 보면 돈도 증명하는 게 아니라 그냥 믿고 사는 게지요. 믿을 게 못 되죠.

하나님은 돈보다 훨씬 더 시스템적이에요. 사랑의 체계, 가치의 체계시잖아요. 다른 비유를 안 들더라도 사랑만은 돈보다 믿을 만합니다. 황금을 믿는 마음만큼만 있어도 사랑을 믿을 수 있어요. 사랑하는 자식 앞에서 사랑을 증명할 수 있잖아요. 자식을 돈으론 증명할 수 없어요. 기독교의 사랑, 불교의 자비와 같은 덕목은 각박한 현실 속에서 돈보다 확고한데도 사람들은 안 믿고, 돈은 전혀 증명이 불가능한데도 숫자를 믿으려 하죠.

원래 하나님이라는 존재는 눈에 보이지 않는 시스템이지 물질로 증명할 수 있는 대상이 아니잖아요. 그러기 때문에 하나님인 거지요. 양자역학에 들어가면 물질인 '컵'도 설명이 어려워요. 양자의 입자는 아무것도 없는 진공 상태입니다. 무(無)야, 무…… 아무것도 없어요. 그런데 그런 존재를 어떻게 믿어요? 그러니까 뉴턴은 '모든 물질이 원자라는 입자로 이뤄졌다'고 밝혀냈지만, 이 원자에서 핵(核)으로 깊이 들어가면 소립자는 파동과 입자가 어우러져 있고 관찰자에 의해서 변하지요. DNA도 그래요. 아무것도 몰라요. 못 풀게 봉인이 돼 있어요.

오히려 사랑은 증명이 되죠. 사랑을 확인하기 위해 철길로 막 뛰어들잖아요. 사랑은 그렇게 증명할 수 있지만 물질은 증명할 수 없어요."

수수께끼의 배꼽과 허수(虛數)

"프로이트는 그걸 '수수께끼의 배꼽'이라 불렀죠. 분명히 우리는 어머니의 탯줄을 통해 세상에 나왔어요. 배꼽만 봐도 아버지는 몰라도 어머니에게서 태어난 분명한 증거지요. 그런데 어머니의 탯줄에서 잘려 나왔는데 배꼽만 보면 어머니가 어딨어요?

또 배꼽이 있다는 것은 뭐야? 폐로 숨 쉬지 않았다는 증거를 팍 찍은 것 아닙니까. 양수 속에서 살았으니 바다에서 살았다는 것 아닙니까. 우리가 물고기였다는 거잖아. 바다와 양수는 같으니까. MRI로 산모의 배 속에서 아이가 자라는 것을 볼 수 있어요, 없어요? 볼 수 있잖아요. 과학으로 설명이 되는데도 안 믿는 거예요? 어머니 자궁 안에서 아이는 막 운동을 하고 발길질을 하지요. 심지어 지문도 있어요. 인간과 똑같아요. 그런데 폐로 숨 쉬지 않고 아가미로 숨 쉬어요. 태어나기 전 아기는 태로 연결되어 어머니와 한 몸이었지요. 그러나 탯줄을 끊었는데도 이렇게 살고 있네? 에덴동산에서 추방되어 하나님과 우리가 연결된 시간들이 가위로 싹둑 잘려 배꼽의 흔적만 있을 뿐이죠.

자연과학에서 숫자는 믿을 수 있다고 하지만 숫자에도 허수라는 게 있어요. 숫자는 아닌 허수라는 게 없으면 계산이 안 돼요. 하나님은 허수 같은 것이라니까. 수학의 세계에 조금 더 들어가도, 물질의 세계에 조금 더 들어가도 하나님이 계시네, 하는 것을 알 수 있어요.

그게 섬싱 그레이트(something great)죠. 하나님을 안 믿어도, '섬싱'에 들어가보면 엄청난 질서가 있고 '그레이트(위대함)'가 있어요.

'열 길 물속은 알아도 한 길 사람 속은 모른다'고 하잖아요. 옛 조상들은 억울한 일을 해명하고 증명하려고 해도 안 될 때 자신의 마음을 '버선처럼 뒤집어 보일 수도 없고'라고 말했죠. 그러나 증명하라는 말은 항상 물질주의자들이 하는 말이에요. 내가 범죄자가 아닌 것을 증명을 못 하면 나는 범죄자가 되는 겁니다. 증명이란 말처럼 과학적인 무기가 없고, 동시에 증명이란 말처럼 허망한 말도 없다는 거야.

모든 것을 과학적으로 증명이 안 되면 분명히 현실에 있는데도 없는 것으로 치는 거야. 그런데 그 증명이란 것이 우리의 지능 범위 내에서 가능한 거야. 그러나 하나님은 우리 존재 밖에 있는데 어떻게 우리 지능으로 증명할 수 있을까요? 아이가 제 어머니, 아버지를 증명할 수 있어? 못 하지. 아버지 마음과 어머니 마음을 아이 능력으로 어떻게 알아요?

'잘 때 사탕 먹으면 안 돼' 그러면 아이는 '왜 안 돼요?' 하고 따집니다. 나쁜 행동을 해서 '너 그런 짓을 하면 나중에 나쁜 사람 돼'라고 하면 '왜 나쁜 사람 돼요?'라며 눈을 흘깁니다. 아이 지능으로선 이해가 안 됩니다. 그래서 바락바락 대드는 거야. 아이한테 진실을 얘기해도 몰라요."

무지(無知)의 지(知), 피조물은 항상 '만든 이'의 의도를 모른다

"〈월간조선〉과의 첫 만남에서 '신을 모른다는 것을 아는 것(無知의 知), 이 말이 정답'이라고 하지 않았나요? 안다면 신입니다. 인간은 피조물이잖아요. 종이가, 종이를 만든 인간을 알겠어요? 종이는 누가 종이를 만들었는지도 몰라. 사람에 따라 종이는 받아쓰는 도구지만 (종이를) 접어 하늘에 날릴 수도 있어요.

종이를 만든 이의 모티베이션, 즉 동기(動機)를 정작 종이 스스로는 모르는 거야. 그러니까 피조물은 항상 '만든 이'의 의도를 몰라요. 유명한 일화가 있는데, 미국에서 깡통 따개를 만들어서 유럽에 가져갔더니 아무도 뭣에 쓰는 물건인지 몰랐대요. 깡통 따개라는 금속 물질을 분석이야 하겠지만 분석한다고 알아요? 그 따개를 미국 어린이들에게 줘봐요. 단번에 그걸로 캔을 따지.

물질을 가지고 백번을 이야기해도 증명이 안 되는 거야.

어떤 기능을 가지고, 무엇에 쓰는 물건인지 증명이 돼야 알 수 있는 것이죠. 고대 유물 박물관에 가보세요. 옛 유물 중에 어떤 기능으로 만들어졌는지 모르는 유물이 수두룩해요. 기껏 분석해봤자 산소가 몇 %, 탄소가 몇 %, 길이가 몇 cm인지 알 뿐 어디에 쓰인 물건인지는 몰라요. 그러니까 물질의 기능이나, 그 물건을 썼던 선대인의 욕망을 모르면 아무것도 이해할 수 없다는 겁니다.

그런데 피조물에, 종이에 자유를 줘보세요. 조물주가 물을 마시려고 컵을 만들었는데 어느 날, 컵이 이렇게 선언합니다. '나, 컵 안 할래요.' 꽃이 가득한 화병이 부러워서 '나도 꽃 꺾어줘요'라고 말했다고 칩시다. 그게 바로 반역하는 거야. 자유의지를 가졌다고 '찻잔 안 해. 꽃 꺾어줘'라고 하면 신이 만들어놓은 모든 용도를 하루아침에 무너뜨리는 거야. 텔레비전에서 물이 나오고, 수도꼭지에서 불이 나오면 어떻게 되겠어요?"

"하나님 말씀이 성경이라면, 인간이 쓴 성경은
천 개의 강물에 어린 달그림자(月印千江)"

　이어령 선생과 함께하는 세 번째 항해(航海)를 떠났다. 선
생은 우리 대화를 '빈자의 제단을 밝히는 작은 촛불'이라 명
명했지만, '촛불'인지 '항해'인지는 독자가 판단하리라. 한층
깊어진 종교와 신앙, 성경의 문제를 향해 노를 저어갔다. 선
생의 말은 우물 파기와 같았다. 한 주제가 꼬리에 꼬리를 물
고 확장돼갔다. 아무리 가지가 옆으로 뻗어 나가도 나무(주
제)에서 벗어나는 법이 없었다.

　기자는 지난 10월 2일 서울 평창동 영인문학관에서 이어
령 선생을 만났다. 생각해보니 우연인지 몰라도 선생을 만날
때마다 비가 내렸다.

질문 8 성경은 어떻게 만들어졌는가? 그것이 하나님의 말씀이라는 것을 어떻게 증명할 수 있나?

"과학자들은 '화석'이나 '유물'의 발굴을 통해서 역사적 사실을 증명하려고 하죠. 그런데 저와 같이 문학하는 사람들에겐 '말'과 '문자'가 바로 그 화석이요, 유물인 게죠. 그리고 또 그들은 있는 것을 '증명'하려고 하지만, 우리는 있는 것을 '표현'하려고 합니다. 그래서 '성경은 어떻게 만들어졌는가'라고 물으면 '하나님 계시(啓示)를 받아 40명이 66권을 쓴 전집(가톨릭 성경은 '외경'을 더해 73권이다)'이라고는 말하지 않습니다. '성경'이니 '성서'니 하는 말부터 캐려고 해요. 그리고 영어로는 '바이블(the bible)'이라고 하는데, 그 말은 어디에서 왔으며 그 본래의 뜻은 무엇인가. 그것을 찾아 나타내는 겁니다."

선생의 성경에 대한 언급은 그 역사를 더듬는 일에서 시작됐다.

"'성경'을 뜻하는 영어의 '바이블'은 그리스 말로 '책'을 의미하는 '비블로스(biblos)'에서 나온 말입니다. 성스럽다(聖)거나 경전(經)이라는 뜻이 아닌 그냥 '책'입니다. 그 말의 뿌리를 캐면 종이를 가리키는 페이퍼(paper)와 같은 '파피루스 (papyrus)'에서 나온 말이에요. 파피루스는 이집트 나일강 습지에서 자라는 2m가 넘는 갈대입니다. 이집트인들은 갈대 껍질을 벗겨 매끄럽게 다듬어 종이처럼 사용했지요. 그런데 비블로스는 이 파피루스를 배로 보급한 항구 이름이기도 합니다."

선생의 성경 뿌리 찾기는……

바이블, 비블로스, 페이퍼, 파피루스…… 선생의 성경 뿌리 찾기는 계속 이어졌다.

"비블로스라고 불린 레바논 도시는 BC 4500년 전에 세워진 항구였어요. 그땐 그곳이 페니키아 땅이었어요. 고대에 항구도시로 성장해 이집트산 파피루스가 모이던 지역이었죠. 정리하자면 비블로스라는 도시 이름은 파피루스를 뜻하는 그리스어에서 나왔어요. 이집트에서 사온 파피루스를 팔던 데에서 유래됐지요."

'말의 화석 캐기'가 이번에는 레바논 삼나무로 이어졌다.

"비블로스는 삼나무(백향목)와 종이(파피루스) 교역으로 번성했는데, '레바논 삼나무'는 성경에 수백 군데 나옵니다. 구약 「시편」에 '의인은 종려나무같이 번성하며 레바논의 백향목같이 성장하리로다. 이는 여호와의 집에 심겼음이여 우리하나님의 뜰 안에서 번성하리로다(92:12~13)'라는 구절이 있지요.

나무가 크고 꼿꼿하기에 사람이 죽으면 삼나무로 널을 만들었다고 해요. 아무리 세월이 흘러도 벌레가 안 먹어요. 신전도, 널도 레바논의 삼나무를 베어 만들다 보니 레바논 지역이 황폐해지고 지금은 천연기념물이 되어 그야말로 '살아있는 화석'이 된 거죠. 레바논 화폐에 그 삼나무가 나옵니다."

성경이 책이 되고 책이 종이가 되더니, 이번에는 파피루스의 갈대와 레바논 삼나무의 모습으로 이미지가 바뀐다. 몇 개의 화석 쪼가리로 공룡들의 모습을 만들어내는 고생물학자와 다를 게 없다.

"성경은 '책'입니다. 정관사가 붙어 '더 북(the book)'이지요. 책은 말을 문자로 적은 것인데 그리스어로는 '로고스(logos)'라 했지요. 그런데 그 뜻이 호두 속 같아서 '말'이라는 뜻만이 아니라 '진리, 이성, 논리, 법칙, 관계, 비례, 설명, 계산' 등 이루 다 적을 수 없어요. 가뜩이나 숨이 찬데 이걸 또 로마 사람들이 번역하는 과정에서 '말'과 '이성'으로 두 쪽이 납니다. 주일마다 들고 다니는 성경 책 놓고 생각을 정리해보세요. 성경보다 훨씬 윗사람이 누구여? '말씀'이지요. '요한복음 1장 1절'에 이렇게 쓰여 있어요. '태초에 말씀이 계시니라. 이 말씀이 하나님과 함께 계셨으니 이 말씀은 곧 하나님이시니라.' 태초의 말씀이 성경보다 훨씬 위야. 그럼 말씀, 즉 로고스가 누구야? 바로 하나님이시지.

하나님 말씀이 성경이라면, 인간이 쓴 성경은 달그림자예요. 알아듣기 쉽게, 시적(詩的)으로 불경(佛經)식으로 표현하자면 '월인천강(月印千江)', 천 개의 강물에 어린 달그림자지요. 대한민국 한강에 비친 달, 북한의 대동강과 독일의 라인강, 미시시피에 비친 달…… 하늘의 달은 그대로인데, 수백 수천의 강물에 비치는 달그림자는 물결에 따라 서로 달라요. 그런데 달그림자를 두고 자꾸 하나님이라고 하면 되겠어?"

하늘 위 달과 강에 비친 달그림자, 그리고 카논

– 천 개의 강물에 비친 달그림자라…….

"우리는 인간의 말과 하나님의 말이 함께 이루어졌을 때 비로소 여호와 하나님이, 예수님이 누구인지, 성경 속 이야기가 무엇을 가리키는지 이해할 수 있습니다. 그래서 성경은 하늘 말과 땅 사이에 위치한다고 할 수 있어요. 성경 속에 담긴 말은 하나님의 말씀으로 보면 절대적이고 성스러운 것이지만, 그것을 기록한 것은 사람들이었기에 강물에 비친 달그림자처럼, 인간의 말로 굴절되었다는 것이지요."

저마다의 강에 비친 달그림자의 모습이 다르다 해도 달의 본질은 바뀌지 않는다는 말이었다.

"더 알기 쉽게 설명할게요. 사인(sign)을 하잖아요. 그런데 쓸 때마다 조금씩 다 달라져요. 그런데도 그걸 같은 사람의 사인으로 인정하는 것은 어떤 변하지 않는 원본이 있다고 가정하기 때문이지요. 사인을 할 때마다 대조해볼 수 있는 '카논(canon)'이 있기 때문이죠."

카논은 '규칙'이나 '표준'을 뜻하는 그리스어다. 그리스도교적 신앙 및 행위의 기준인 법규집(集)을 의미하기도 한다.

"우리 몸은 하루하루 세포가 바뀌어 몇 년이 흐르면 신체 모든 기관이 바뀐다고 합니다. 그런데 그게 어떻게 '나'인가요? 어렸을 때의 나, 30대의 나, 60대의 나가 어떻게 같은 '나'인가요? '나'라는 어떤 개념, 어떤 카논이 있어서 같다고 하지 않겠어요?"

ㅡ 성경의 '카논'은 태초에 있었던 하나님 말씀이군요.

놀랍다. 이 말 저 말 하는 것 같은데, 그것들이 하나하나 그물처럼 얽혀 있다. 카논이라는 말 역시 파피로스에서 나온 말이라는 것이다.

"파피루스는 나일강의 갈대로 만든 것이니까 빳빳해. 빳빳하니까 척도나 잣대로 삼을 수 있었던 거지. 성경의 모든 잣대에 '카논'이 있는데 그게 로고스고 하나님이라는 말입니다. 그 잣대로 오늘날의 성경을 재($\mathbb{R}$)봐야 해요. 요약하자면, 성경은 하나님 말씀을 옮긴 것은 사실이나 인간의 문화인 언어와 문자로 기록된 매체라는 겁니다. 달그림자에 비친 강에 바람이 불거나 물결이 치면 달빛은 '깨진 달빛'이 됩니다. 비록 우리 눈에는 '이지러진 달'로 보이지만 그 원본을 조회해볼 수 있는 카논, 땅에는 없지만 '하늘 위 진짜 모양의 달'을 떠올릴 수 있기 때문에 이지러진 달을 수정하고 본래의 달에 도달할 수 있어요."

성경 번역자는 반역자?

— 성경을 각 나라말로 번역하면서 생기는 문제도 있습니다. 축어역(逐語譯)과 의역(意譯) 과정에서의 문제를 어떻게 풀어야 할까요? 선생께서는 이를 '언어로 메울 수 없는 문화 수렁' '번역자는 반역자'라고 표현한 적이 있습니다.

"예를 들어볼게요. 40일 동안 금식한 예수 앞에 마귀가 나타나 '이 돌덩어리로 빵을 만들어보라'고 합니다. 그때 하신 말씀이 '사람은 빵만으로는 살아갈 수 없다'입니다.

그런데 한국말 성경에는 그것이 '빵'이 아니라 '떡'이라고 되어 있어요. 가톨릭 성찬식에서 쓰는 빵도 떡을 가리키는 한자 병(餠)을 써서 '성병(聖餠)'이라고 하고. 물고기 두 마리와 빵 다섯 덩이로 5000명을 먹인 기적도 '오병이어(五餠二魚)의 기적'이라고 해요.

그런데 '(사람은) 떡만으로는 살 수 없다'고 목사님, 신부님이 말씀을 하면, 곧이곧대로 들으면 '어떻게 사람이 떡만 먹고 살아요. 밥을 먹어야지'라고 생각하게 될 겁니다. (이 선생이 장난꾸러기같이 웃는다.) 제대로 우리말로 옮기자면 밥이라고 해야겠지요. 그런데 '사람은 밥만 먹고 사는 게 아니다'라고 해보세요. 이번에는 '마귀가 돌을'이 아니라 '모래를 퍼주며'라고 고쳐야 할 겁니다. 하나님 말씀은 하나지만 문화가 다르니 번역이 불가능해질 수밖에 없지요.

히브리어나 영어로 된 성경을 아무리 한국어로 잘 옮긴다 해도 어쩔 수 없는 것들이 생겨납니다. 나라와 민족마다 문화와 역사가 다르기 때문이지요."

선생의 말을 듣고 있자니 성경 번역 작업이 얼마나 위대하고 얼마나 위험천만한 작업인지, 그리고 얼마나 성스러운 작업인지 느낄 수 있었다.

"번역에는 한 구절 한 구절을 그대로 옮기는 축어역과 문장 의미를 파악해 문맥에 맞게 옮기는 의역이 있습니다. '세계 최초의 번역론'이라고 하는 히에로니무스의 글에도 이 문제가 심각하게 다뤄져 있지요. 사람이 쉽게 이해할 수 있으려면 의역이 필요하고, 하나님의 말씀을 그대로 보전하려면 낱말 하나하나를 원형대로 옮기는 축어역을 해야 한다는 것입니다.

결국 의역이냐 축어역이냐, 번역자들은 항상 두 갈래 길에서 우왕좌왕할 수밖에 없어요.

하지만 말입니다. 서생(書生)들이 베끼는 과정에서 잘못 베낄 수도, 글로 옮기는 과정에서 실수할 수도 있지만, 지금 우리가 보는 자연의 질서는 인간이 손댄 게 아닙니다. 하나님이 만드신 피조물을 통해 하나님의 모습을 볼 수 있어요. 자연이 바로 성경이고 바이블이자 책인 것이죠. 그래서 갈릴레오는 지구가 돈다고 하나님을 부정한 게 아니라 지구와 천체(天體)를 성경(책)보다도 더 정확한 성경이라고 한 것이지요. 자신이 그렇게 말했어요. '자연은, 우주는 한 권의 책(성경)'이라고. 그의 망원경은 하늘의 책에 쓰인 하나님 말씀을 읽는 돋보기였던 것이지요."

창세기 천지창조(天地創造)를 빅뱅 이론이 증명

이 대목에서 그는 숨을 가다듬었다.

"하나님의 창조를 책으로 보면 '구약 창세기'지만, 물질로 보면 '빅뱅(the big bang theory)'입니다. 그때 천지(天地)가 만들어졌으니까요. 빅뱅이 과학으로 증명되면서 기독교는 과학과 더 친해졌어요. 모든 과학자가 기독교와 친해진 거야.

(과학과 종교가) 등을 돌린 것처럼 돌아다니다 보니, 어? 제자리에 와 있는 거야. 빅뱅이야말로 천지창조고 하늘과 땅이 만들어지니까요. 그 이전의 무(無)에서 우주가 생성됐다는 것을, 누구도 부정 못 하는 빅뱅 이론이 뒷받침해줬기 때문이죠."

성경은 세계의 모든 말로 번역된 유일한 책이다. 지금도 세계에서 가장 많이 읽히는 책이 성경이다. 이런 농담이 있다. 한 학생이 선생에게 이렇게 물었다고 한다.

"『해리포터』 읽으셨어요?"
"아직 안 읽었는데."
"한 달 전에 나왔는데 아직 읽지 않으셨다니……."

선생이 성경 책을 내보이며 말했다.

"이 책 읽었나?"
"아니요…… 아직 읽지 않았는데요."
"나온 게 1000년도 넘었는데 아직 읽지 않았다니……."

계속된 선생의 말이다.

"성경은 시대를 통틀어 최고의 베스트셀러고, 아직도 매년 베스트셀러 자리를 고수하고 있습니다. 전역과 부분역을 합해 2400개가 넘는 언어로 60억 부 이상이 발행됐고, 기네스북에도 올랐지요. 2015년 어느 보고서에 따르면 미국인 가정의 88%가 성경을 가지고 있다고 합니다. 또 대부분의 가정에는 성경이 두 권 이상이고, 네 곳 중 한 곳은 (성경을) 다섯 권 이상 갖고 있다는 겁니다. 그럼에도 미국인의 13%는 지난 1년 안에 새 성경을 구입했다고 말해요. 무엇을 의미하는 것일까요. 아마도 새 성경의 구입은, 번역의 정확성과 (성경) 권위에 관한 끊임없는 질문이 오래된 텍스트의 새 버전에 대한 수요를 유발시키지 않았을까 생각해봅니다.

　2위는 마오쩌둥(毛澤東)의 어록인데, 책 제목은 『모주석 어록(毛主席語錄)』입니다. 1964~1976년까지 출판되었습니다. 이 '작은 빨간책(서방에서는 이 책을 'The Little Red Book'이란 별칭으로 불렀다)'은 10억 부 이상 팔린 것으로 추정하지만, 어쨌든 중국 공산당이 자기네 말로 찍은 것이지만 성경은 전 세계 나라말로 출판한 것이니 비교할 수 없지요.

　베스트셀러 3, 4위는 자꾸 바뀌어요. 『해리포터』가 되기도 하고 『반지의 제왕』이 되기도 하지만 이런 책들은 10년 전엔 순위에도 없었지요."

질문 9 종교란 무엇인가? 왜 인간에게 필요한가?

질문 11 종교의 종류와 특징은 무엇인가?

질문 13 종교의 목적은 모두 착하게 사는 것인데, 왜 천주교만 제1이고, 다른 종교는 이단시하나?

"인간의 종교를 크게 둘로 나누면 신을 믿는 종교, 돈을 믿는 종교로 나눌 수 있지 않겠어요? 돈을 믿는 종교를 물신숭배(物神崇拜)라 하지요. 그런데 영어로 '신(god)'에다 '엘(l)'자만 넣으면 '황금(gold)'이 됩니다. 옛날부터 물질을 숭배하느냐, 하나님을 숭배하느냐에 따라 세속주의와 신성주의로 나뉘었어요.

대개 인간은 오감(五感)을 통해 만져보고 증명하려 합니다. 종교도 마찬가지죠. 예수님이 부활하셨을 때 도마라는 제자는 '내가 그의 손의 못 자국에 내 손가락을, 내 손을 그 옆구리에 넣어보지 않고서는 믿지 않겠다'고 했습니다. 그러자 예수님은 자신의 상흔을 내보이시며 '손가락을 이리 내밀어 내 손을 보고 네 손을 내밀어 내 옆구리에 넣어보라'고 하시면서 '믿음 없는 자가 되지 말고 믿는 자가 돼라'고 하셨죠.

직접 오감으로 확인한 도마가 이르되 '나의 주님! 나의 하나님!'이라고 답했습니다. 비로소 도마는 부활하신 주님을 믿게 된 것이죠. 다른 제자들은 예수님을 '스승님'이라 불렀지만 도마는 '주님!'이라며 제자 중에 최초로 예수님을 신이라 불렀어요. 의심하던 사람들이 믿기 시작하면 진짜 믿는 거야. 손으로 만져보고 눈으로 봤으니까.

그런데 사실은 우리가 눈으로 보지 않고, 손으로 만져보지 않고 믿는 쪽이 더 많아요. 손으로 만져보고 눈으로 봐야 믿는다면 이 세상에 믿을 것이 사라져버립니다. 종교도 마찬가지입니다. 사실 이병철 회장이 '신의 존재를 어떻게 증명할 수 있나?'라고 물었는데 그 말 자체가 유물적인 것이죠. 그런데 인간은 신이 없어도 살 수 있어요. 돈이 없어도 살아요. 기근이 들어 당장 사람이 죽게 되었을 때 황금 한 덩어리는 감자 한 조각만 못하잖아요. 신과 황금은 비슷한 게 많아. 번쩍번쩍 빛나잖아요. 예수님 그림을 보면 머리 뒤에 후광이 있어요. 금덩이는 아무리 세월이 흘러도 변하지 않죠. 최초의 기마유목 민족인 스키타이의 무덤이나 경주 신라 천마총(天馬塚)의 무덤을 열면, 다른 부장품은 다 썩어도 금반지는 그대로예요. 어쩌면 금은 영혼에 가장 가까운 물질인지 모르죠. 그런데 금을 증명해 보이려면 아르키메데스 원리가 나와야 돼요. 가짜 금인지 여간해서 알아내기가 쉽지 않거든요. 아르키메데스가 목욕탕에서 황금의 비율을 찾아내고 '유레카!'라고 외쳤잖아요."

예수님과 도마, '나의 주님!, 나의 하나님!'

"자, 그렇게 하나님을, 신을 찾아내라고 얘기했을 때, 수학적으로 논리적으로 찾으려면 인간의 지능 안에서 증명이 돼야 하잖아요. 하나님은 '에고 에이미'의 존재이시죠. 그분의 뜻을 인간 지능으로선 알 수 없어요.

그런데 생명을 증명하는 것과 물질을 증명하는 것은 또 다른 이야기입니다. 황금이 새끼 낳는 것 봤어요? 금 조각을 그냥 놔두면 스스로 증식이 안 돼. 그런데 돼지는 안 그렇잖아요. 2년 전에 돼지 새끼 한 마리를 누구에게 맡겼더니 막 새끼를 쳐서 (돼지) 우리에 가득해요.

이렇게 확실한 생명도 안 믿겠다고요? 생명은 어디서 왔나요? '신체발부(身體髮膚) 수지부모(受之父母)'라고 했어요. 분명히 부모에게서 받았어. 배꼽만 봐도……, 아버지는 몰라도 어머니와 한 몸이었다는 것은 알 수 있어요. 그러니까 하나님이라 부르든 안 부르든, 이 세상이 달(月) 세계가 아닌 이상, 생명이 있어서 보고 듣는 자연의 모든 것이 생명의 증명이고 믿음이 아니겠어요?

그게 '섬싱 그레이트(something great)'죠. 무(無)에서 태어나다시 무로 돌아가는 생명인 것이죠. 어떻게 금덩이를 믿으면서 생명을 안 믿어요? 살아 숨 쉬고 아기를 낳는 생명의 근원을 안 믿느냐 그 말이에요. 불태환 시대인 지금, 지폐도 종이 쪼가리예요. 종이 쪼가리를 믿는 사람이, 인쇄된 숫자를 믿는 사람이, 살아 숨 쉬고 꼬물거리는 이 모든 삼라만상을 안 믿어요?

1930년대에 미국에서 대공황(大恐慌)이 일어났어요. 그때 증권이 다 휴지 조각이 돼버렸어요. 당시 두 가지 행렬이 있었다고 해요. 무료 급식소의 긴 행렬, 그리고 영화관에 늘어선 행렬이지요. 현상 논리로 말하자고요. 굳게 믿었던 증권이 한순간에 가랑잎이 됐어요. 믿을 게 아무것도 없어. 자살하고 막 그러는 거야.

하지만 하나님이 꼭 아니라도 하나님이 있다는 증거가 있어요. 바로 영화관에 늘어선 행렬 말이에요. 현실이 망하면 끝인데, 사람들이 왜 영화관으로 갔을까요? 그 무렵 불황이 만든 세 가지 상징이 탄생했어요. '미키마우스'와 '타잔' '킹콩'…… 다 현실에 존재하지 않은 것들이야.

확실히 있다고 믿었던 돈은 다 무너져버리고, 거꾸로 있지도 않은 쥐 새끼 보러 영화관에 가서 사람들이 절망을 잊고 울고 웃었어요. 고양이한테 맨날 쫓기는 쥐 새끼가 뭔데 말이죠. 미키는 아일랜드 사람을 뜻하는데, 우리나라의 '홍길동'처럼 흔한 이름이라 해요. 미키, 미카엘, 그러니까 대천사(大天使)를 말해요."

대공황의 삼총사, 미키마우스·타잔·킹콩

"가공의 만화 주인공인 미키마우스가 지금 90세야. 나보다 세 살 많아. 사람은 인권이 있는데 쟤는 저작권이 있어. 그런데 어릴 때부터 배꼽친구인 미키는 배꼽이 없어요. 생명을 증명할 수 없다는 말이지요. 미키의 아버지는 누구야? 미국이라는 문화가 만든 가공의 존재잖아요.

타잔도 마찬가지예요. 원숭이와 다름없어. 팬티 하나 걸치고 '아~ 아아~' 외치면서 나무 사이를 달려가요. 망한 증권 도시의 존재와 다른, 자연에 가까운 생명 친화적 존재지요. 바이오필리아(biophilia, 녹색갈증)예요. 야수 킹콩이 인간의 상징인 엠파이어스테이트 빌딩을 일각에 내려치는 게 뭐예요? 하나님의 힘, 자연의 힘, 그 속에 깃든 생명인 거지요. 1930년대는 돈만 믿고 자연을 저버리며 반(反)미키, 반타잔, 반킹콩으로 살았던 것이에요.

대공황 시절, 삼총사가 사랑받은 이유를 이제 알겠어요? 돈이 무너지면서 증권이 휴지가 되면서 우리가, 인간이, 인류가 자연에서 너무 멀리 떨어졌다는 것을 알게 된 거죠. 하나님이라 하지 말고 삼라만상(森羅萬象)이라고 칩시다. 이 삼라만상을 만든 힘과 질서를 못 믿어요?"

선생은 흥분한다. 답답할 때 더욱 흥분한다. 남과 소통이 안 될 때 제일 화가 난다고 한다. 그러면서 종교가 무엇인지, 왜 필요한지에 대해 간접적인 대답을 내놓았다.

"유대인의 관원 니고데모와 예수님의 대화의 단절 문제를 생각해보면 분명하게 알 수 있지요. '사람이 거듭나지 아니하면 하나님 나라를 볼 수 없다'고 하니까, 니고데모는 '늙은 사람이 어떻게 두 번째 모태(母胎)에 들어갔다가 다시 태어나올 수 있느냐'고 반문합니다. 아무리 알아듣기 쉽게 말해도 끝내 이해를 하지 못하는 니고데모를 보며 예수님은 '내가 땅의 일을 말하여도 너희가 믿지 아니하는데 하물며 하늘의 일을 말하면 어떻게 믿겠느냐'라며 탄식합니다(요3:1~12).

세상 사람들이 알아듣기 쉽도록 예수님이 하늘의 일을 지상의 일에 빗대어 말하지만 끝내 니고데모의 머리는 이해를 못 하지요. 그래서 나는 예수님을 생각하면 외롭고 슬프고 아파하는 모습으로 다가옵니다. 기독교 신자든 비기독교인이든 관계없이 성경 말씀은 니고데모 같은 딱딱한 머리로 읽으면 이해할 수 없는 말이 너무나 많이 나와요. 문학이나 시를 조금만 공부한 사람이라면 신앙과 관계없이 '거듭나라'는 말을 진짜로 '어머니 배 속에 들어갔다 나오라'는 말로 알아듣지는 않을 겁니다.

성경 말씀을 믿지 못하는 사람들은 대부분 니고데모처럼 문자 그대로 해석합니다. 하늘나라의 일을 지상의 일로 말하려고 할 때 어쩔 수 없이 비유나 상징을 쓸 수밖에 없기 때문인데, 그것을 모르면 많은 오해가 생깁니다."

그리고 이 선생은 다음과 같이 정리했다.

"하늘과 땅의 단절을 답답하게 여기신 예수님⋯⋯ 그래서 종교가 필요하게 된 것이지요. 종교란 말은 개화기 때 일본 사람들이 영어의 '릴리전(religion)'을 불교 용어인 '종(宗)'과 '교(敎)'를 따서 번역한 말입니다. 그런데 릴리전의 어원이 뭣인지 아시지요? '다시 잇는다', 즉 단절된 것을 다시 연결한다는 라틴어에서 온 말이라고 합니다. 단절된 하늘의 일과 말, 그리고 땅의 일과 말을 다시 이어주는 것! 그것이 종교이며 그 필요성이지요. 그리고 '다시 읽는다'는 뜻도 있어요. 나의 삶을 다시 읽는 것, 그 의미를 다시 찾는 것, 그것이 종교라고 말이지요."

아! '성경' 말의 화석 캐기에서 시작해 '종교' 말의 화석 캐기로 끝난 우리의 대화는 침묵으로 끝날 수밖에 없었다.

"신이 존재한다면 그 존재가 바로 절대(絶對)"

빈자의 제단을 작은 촛불로 밝히며 시작된 이어령 선생과의 네 번째 항해를 떠났다. 이 항해가 〈월간조선〉과의 마지막 항해일지 모르나 떠남은 새로운 만남과 출발을 의미한다.

선생은 평생 도그마와 싸워왔다. 친(親)체제나 반(反)체제 어느 진영에도 갇히지 않으려는 비(非)체제의 외로운 길을 걸어왔다. 신앙을 갖고 나서도 지성과 영성의 문지방을 헤매던 지난날을 새로운 안목으로 제시하려 애썼다. 그 안목에는 문인의 직관력과 기호론자의 학문적 분석력이 공존한다. 언어의 의미·상징 체계를 분석해 그 속에 담긴 신(神)과 영혼, 죽음, 인류 문명의 의미망을 추적하는 일이리라. 얼음 속의 불이다.

선생이 현재 암 투병 중이란 점을 감안하면, 고 이병철 회장의 절박했던 스물네 가지 질문처럼, 답변 하나하나는 수도자의 고해(告解)처럼 다가왔다. 선생이 우리에게 건네는 말에 귀를 기울이는 것만으로 독자들은 자신의 내면에 세워놓은 장벽들이 조금씩 사라졌을지 모른다.

기자는 선생의 말을 정리하는 과정을 의무라고 생각했다. 그 의무를 수행하는 동안 인내와 신중함이 필요했지만 마찬가지로 선생 역시 내적인 부름, 용기, 갈망에 답해야만 하는 시간이었으리라.

선생과의 네 번째 대담은 지난 10월 28일 서울 평창동 영인문학관에서 이뤄졌다.

"신학적으로는 이미 몬시뇰이라고 하는 가톨릭 장상(長上)께서 답변을 하셨기에 무언가 토를 달 입장도 용훼(容喙)할 자격도 없는 사람입니다. 다만 '태초에 말씀(로고스)이 있었다'는 성경 말씀이 언어를 따지는 기호론과 관련된 것이기에 글 쓰는 문인, 그리고 기호학자의 한정된 입장에서 제 의견을 말해온 것이지요.

하지만 솔직히 말해 투병 중인 사람으로 종교적 문제와 직면해 있는 상황에서 모든 리스크를 감수하고 입을 열게 된 것이라고 봐요.

　우리가 살고 있는 이 세상은 의미·상징의 세계, 즉 피시스(physis)와 노모스(nomos), 세미오시스(semiosis)라는 세 가지로 구성돼 있어요. 이 세계 속에 종교적 담론 역시 '삼각 측량'으로 관찰하면 또 다른 해답을 얻을지도 모른다는 생각을 한 것이지요."

　선생이 말하는 피시스, 노모스, 세미오시스에 처음부터 숨이 막혀온다. 독자에게 어떻게 설명해야 할지 식은땀이 솟는다. 선생에 따르면 물질계는 피시스, 기호·상징계는 세미오시스, 법칙계는 노모스를 의미한다.

　"고대 그리스인의 방향감각에서 볼 때 북쪽은 신화의 큰곰자리 방향을 가리키는 것이었지만, 실제로 선원이 항해를 할 때는 작은곰자리를 향해 갔다고 합니다. 지금 식으로 말하면 더블 스탠더드를 갖고 살았던 것이죠.

　그리스인이 작은곰자리를 북쪽으로 보는 것과 같은 세계를 자연계·피시스라 부르고, 큰곰자리가 북쪽을 상징하는 신화와 같은 세계를 기호계·세미오시스라고 해요. 그리고 법률이나 제도 또는 폴리스 성벽에 둘러싸인 세계를 법칙계·노모스라고 합니다.

　저는 이 세 가지 관점 가운데서 『그리스신화』와 같은 세미오시스 영역을 통해 죽음 같은 종교 문제를 접근해왔던 겁니다."

　질문 10　영혼이란 무엇인가?
　질문 12　천주교를 믿지 않고는 천국에 갈 수 없는가?
　질문 14　인간이 죽은 후에 영혼은 죽지 않고 천국이나 지옥으로 간다는 것을 어떻게 믿을 수 있나?

　열 번째 질문 '영혼이란 무엇인가?'를 막 물을 참이었다. 질문을 던지자마자 선생의 입술에 엷은 미소가 어렸다. 이 질문을 기다리고 있었다는 뜻일까.

　"기독교에서 영혼의 답을 찾으려면 영혼이란 말부터 알아야 하지요. 신약 성경의 「고린도전서」 첫째 서간 14장에 보면 직접 언어와 관련하여 언급한 대목이 나옵니다.

　'피리나 수금처럼 생명 없는 것들이 소리를 낼 때에도 그 음정이 분명하지 않으면 무엇을 연주하는지 어떻게 알겠냐'는 것이지요. 또 '나팔이 분명한 소리를 내지 않으면 누가 전투 준비를 하겠냐'는 겁니다. '이처럼 사람이 말할 때 혀로 알아듣기 쉽게 분명한 소리를 내지 않는다면 무슨 말을 하고 있는지 누가 알아들을 수 있겠는가. 그것은 허공에 대고 말하는 것과 같다'는 겁니다.

'방언(放言)'은 영적으로 하나님과 소통하는 말이지만 땅에서 사는 사람들과 소통하는 데는 알아듣기 쉬운 말로 하는 '예언'이 더 값지다는 겁니다. 그리고 곧이어 '내가 영으로 기도하고 또 마음으로 기도하며, 내가 영으로 찬미하고 또 마음으로 찬미하리라'라고 기도하는 방법까지 (성경) 말씀으로 남기고 있지요. 영과 마음 그리고 기도와 찬송이 서로 대비되어 있어서 영혼이 무엇인지 알고 노래의 차이까지 짐작할 수 있게 합니다."

영혼, 신령, 혼령, 영성······ '영'자가 붙은 말이면 금세 안개에 싸여버려 길을 헤매고 마는데, 영혼을 쉽게 이야기할 수 있다는 말을 듣자니 가슴이 가벼워진다. 하지만 그것도 한순간이다. 선생의 입에서 "그런데······"라는 말이 나오자 기자는 다시 움츠러들고 말았다.

"그런데 영문(英文) 성경의 본문을 보면 영(靈)은 spirit으로, '마음(mind)'이 아니라 지성(intellectual)으로 되어 있어요. 마음과 지성이라는 말 사이는 천 리(千里)가 아닙니까."

『지성에서 영성으로』라는 책을 쓰신 분이니 그의 말에 납득이 갔다.

"'영'이라는 한자말과 '넋'이라는 우리말도 차이가 깊고, 무엇보다 기독교 문화권의 영어와 라틴어계의 불어, 이태리어 또한 차이가 크지요."

그렇다면 원래 그리스어나 아랍어에서는 '영혼'을 뭐라고 불렀는지, 어떤 뜻이었는지 산 넘어 산이 아닌가. 누가 이병철 회장이 던진 그 거창한 '영혼이란 무엇인가?'라는 물음에 과연 입안의 혀로 분명하게 이야기할 수 있겠는가.

그 절망의 순간, 선생은 구세주처럼 한마디 희망의 말을 던졌다.

"그래서 추상적인 용어보다는 스토리텔링으로 하는 게 좋지 않겠어?"

양자적 진공, 영혼의 세계, 이항대립의 종언(終焉)

선생은 인터넷을 검색하다 얻은 미국 이야기라면서 다음

과 같은 우스갯소리를 들려주었다.

"교장 선생이 문제아들만 모아 특수학급을 만들어 베테랑 여교사에게 맡겼어요. '특수한 아이들이니 잘 가르쳐달라'는 부탁과 함께 넘겨준 학생 명단 옆에는 110, 127, 135와 같은 숫자가 적혀 있었다고 해요. 여교사는 만족한 표정을 지었고 열심히 가르쳐서 그 클래스의 아이들 모두 성적이 부쩍 올랐다고 합니다. 교장 선생이 치하하자 여교사는 '명단 옆의 지능지수를 참고하여 아이들을 가르친 결과'라고 겸손하게 말했대요.

그러자 교장 선생이 깜짝 놀라 '선생님, 그것은 IQ가 아니라 그 아이들 사물함 번호를 적은 숫자였는데요?'라고 했다는 겁니다."

선생은 늘 하찮은 이야기에서 보물을 찾아낸다. 사물함 숫자 코드를 지능지수(intelligence quotient) 코드로 해독한 결과 현실이 뒤바뀌었다. 문제아 특수집단이 천재 특수집단으로 인식된 셈이다. 선생도 구박만 받던 아이들도, 모든 행위와 인지의 상황이 다르게 해석된다. 지성에서 영성으로 패러다임이 바뀌면 특수한 문제아들이 특수한 재능을 가진 아이들로 둔갑한다. 그게 바로 과학만으로는 합리화할 수 없는 영성의 힘이며 종교적 믿음의 세계가 아닐까.

　"IQ란 말은 알잖아요. EQ는요?"

　초등학생도 아는 것이니 모른다고 할 수 없다. 계속된 선생의 말이다.

　"자, 그러면 SQ는요?"

　이렇게 해서 첩첩산중의 터널이 뚫렸다. 웹 검색을 해보면 단번에 'IQ, EQ 너머 지금은 SQ 시대'라는 표제어들을 쉽게 찾아볼 수 있다. 지능지수와 감성지수(emotional quotient)의 대립과 모순을 융합하여 새로운 단계로 올라간 것이 SQ, 즉 영성지수(spiritual quotient)다. 만약 이병철 회장이 물은 '영혼'을 신학적으로 아니면 철학적으로 풀이했다면 '옴 주교' 같은 의사(擬似) 종교단체나 미신, 신비주의자, 광신자 등의 거미줄에 걸리게 될지도 모를 일이다.

　지성의 날개는 나비처럼 너무나 연약해서 일단 이러한 거미줄에 얽히면 헤어나지 못한다. 그런데 선생은 영혼의 정체를 현대인의 종교가 되어버린 SQ의 과학적 숫자로 엎어치기 한판을 따낸다. 그것도 과학과 종교를 다 같이 포용한 다나

조하르(Danah Zohar)의 이론으로 말이다.

"여기서 자세히 옮길 수는 없지만, 케네디 형제가 암살당한 미국 사회에 염증과 실망을 느낀 조하르는 세계 각지를 다니며 여러 종교적 체험을 합니다. 동시에 그의 전공인 양자역학 등 최첨단의 과학 이론을 함께 탐구했지요.

그 체험과 연구 결과를 담은 책(『Rewirering the Corporate Brain』)을 1997년에 썼는데 핵심 이론이 '양자적 진공'입니다. 양자적 진공은 물질계처럼 입자와 파장이 분리되지 않는 상태를 말하죠. 유(有)면서 무(無)인, 무면서 유인, 입자이면서 파장인 이항대립의 종언인 것이죠. 영혼의 세계가 바로 그렇습니다."

선생의 말인즉, 지성과 감성이 통합된 영성의 세계가 열린다는 뜻이다. 요약해보자. 선생은 '영혼이란 무엇인가?'라는 물음에 종전처럼 심리학·철학·종교학이 아니라 인간의 지능과 감성의 대립·모순을 통합할 수 있는 능력, 즉 정신과 육체가 분리된 이원론의 세계를 하나로 융합하여 신의 영역으로 넘어갈 수 있는 힘을 영혼이라 본 것이다.

IQ+EQ=SQ, 그리고 다시 학생들의 사물함 숫자를 지능지수로 패러다임을 바꿨을 때처럼 사회지수(social quotient)의

SQ를 영성지수인 SQ로 코드를 전환하는 것과 같다는 이야기였다.

서양의 물질주의가 사실은 반(反)영혼주의

계속된 선생의 이야기다.

"분명히 오늘의 문명은 지성에서 감성으로, 다시 지성과 감성의 통합인 영성의 세계로 패러다임의 전환을 일으키고 있지 않나요? 실제로 1988년의 시점에서 정신과 의사를 가르치는 교육에 '종교'를 도입한 곳은 불과 15%에 지나지 않았어요. 그런데 1994년 이후부터는 환자의 영적인 믿음을 중시하는 경향이 급격히 증대됐다고 합니다."

여기서 끝날 선생이 아니었다. 또다시 "그런데 말이야"라는 말이 나왔다.

"그런데 말이야, 숫자로 영성을 표시하려고 하는 사람들은 영성의 참뜻을 모르지. 그동안 많은 과학자가 영혼의 무게를 재려고 노력했어요. 멕시코의 감독이 만든 〈21그램〉이라는 영화도 있었지만 실제로 미국 매사추세츠 병원에서는 임종 직전의 말기 결핵 환자를 대상으로 3시간 40분 동안 체중의 변화를 관찰한 적이 있었다고 합니다. 그 결과 숨을 거두는 순간 환자의 몸무게가 1.25oz(35.4g) 줄어든 사실을 알게 된 것이지요. 최근에도 스웨덴의 룬데 박사팀이 정밀 컴퓨터 제어장치로 그 실험의 진위를 검증해보았더니 임종 시 환자의 체중 변동은 21.26214g이었다고 하네요.

그런데 영혼까지 저울로 재려고 한 서양의 물질주의가 사실은 반(反)영혼주의에 갇혀 있는 거죠. 괴테의 『파우스트』도 악마에게 영혼을 팔지 않나요? 영혼을 상품으로 거래할 수 있다는 시장주의의 프레임이지요.

보세요. 인간의 육체를 형성하는 모든 원소를 다 더하면 인간이 되나요? 안 되잖아요. 생명이 안 됩니다. (생명이 안 되는) 그 부분이 영혼에 해당하는데, 과거 서양에선 영혼을 '아이테르' '에테르'라는 이름으로 어떻게든 물질화하려 했잖아요. 그래서 서구인들은 죽음을 나타낼 때 꼭 해골로 나타내고 있어요. 죽음조차도 남아 있는 물질로 보여주려고 하거든요. 사실은 영혼처럼 눈에 보이지 않는 불멸성, 그것이 죽음의 종교적 본질인데도 말이죠."

질문 6 신은 왜 악인을 만들었는가? (예: 히틀러나 스탈린, 또는 갖가지 흉악범들)

질문 15 신앙이 없어도 부귀를 누리고, 악인 중에도 부귀와 안락을 누리는 사람이 많은데, 신의 교훈은 무엇인가?

"하나님이 히틀러를 악한 자로 만들었나요? 물론 유대인 입장에선 그렇게 볼 수 있지요. 히틀러는 유대인을 악인이라고 보았기 때문에 그 인종을 말살하려고 한 것이지요. 미국의 남북전쟁처럼 상대방을 악인이라 설정하고 하나님에게 기도했지요. 모두가 인간의 입장에서 악과 선을 가르고 진영을 만들어 가치판단을 합니다. 신의 입장에서 보면 인간의 그런 기준 자체가 우스운 것이지요. 모두가 같은 원죄를 지은 존재들이니까요. 다른 서양의 고전을 찾지 않아도 이규보(李奎報, 1168~1241)의 산문 「문조물(問造物)」에 보면 답이 나와요. 풀이하자면 '조물주에게 묻는다'는 뜻이죠.

이규보가 조물주에게 이렇게 묻습니다.

'하늘이 사람을 먼저 내고 온갖 곡식을 냈으므로 사람이 그것을 먹습니다. 그다음에 뽕나무와 삼나무를 냈으므로 사람이 그것으로 옷을 입습니다. 그렇게 보면 하늘이 사람을 사랑하심을 알 수 있습니다.'

그러더니 이규보가 이렇게 따집니다.

'그런데 왜 독(毒)을 가진 것들 또한 내셨습니까. 곰, 호랑이, 늑대, 승냥이서부터 모기, 등에, 벼룩, 이에 이르기까지 사람에게 몹시 해로운 일을 합니다. 하늘이 사람을 미워하고 죽이려 한다고 생각합니다. 그 까닭이 뭡니까.'

조물주는 사람에게 이로운 것만 만들지 해로운 것은 왜 만드느냐고 따진 거지요. 그러자 조물주가 이렇게 답해요.

'사람과 사물이 생겨남은 자연스럽게 일어나는 일이라 하늘도 알지 못하고 조물주도 알지 못한다. 사람은 스스로 태어나지 하늘이 내지 않는다. 곡식과 뽕나무, 삼나무도 자기 스스로 생겨났다. 어찌 하늘이 이로움과 해로움을 가려서 조치를 취할 수 있겠는가.'

신의 입장에서 보면 만물을 만들 때는 각자 이유가 있겠지요. 특정한 대상에게만 이롭게 혹은 해롭게 하려고 만든 게 아닙니다. 이(利)냐 해(害)냐는 인간의 입장에서 그런 것뿐이지요. 이규보의 「문조물」에 나오는 문답이 참 괴변 같지만 이처럼 좋은 답변도 없어요."

선악(善惡)과 잡초론(論)

선생은 화제를 '잡초론'으로 바꾸었다.

"세상에 잡초라는 게 어디 있나요. 인간이 필요하면 이름 붙이고 필요 없으면 잡초라고 부릅니다. 나한테 중요한 새는 새 이름을 붙이고, 아닌 새는 잡새라고 하죠. 잡(雜)이라는 게 인간의 입장에서 그렇다는 거지요.

시인 랄프 에머슨(Ralph Waldo Emerson)은 잡초를 '가치가 아직 발견되지 않은 식물들'이라고 했어요. 그러니까 이 세상에 잡초란 존재하지 않아. 아직 발견되지 않은 버추 (virtue), 즉 미덕이라는 겁니다. 뭔가 발견되지 않은 풀일 뿐이지 모든 만물은 제각기 생겨나서 언젠가는 인간에 의해 덕성이 밝혀지면 약초가 된다는 얘기지요.

내가 캔서를 하니까(암을 앓으니까), 사람들이 약을 가지고 와. 즉효 약이라고. 쌍떡잎식물인 하와이산 노니(noni)를 누가 가져왔는데 하와이 사람들은 먹지만 한국인은 본 적도 없는 잡초 중의 잡초인 거지. 독초일 수도 있고.

또 어떤 분은 개똥풀이라고 가져와요. 엊그제만 해도 소도 안 뜯어 먹던 풀이야. 그런 것을 새로운 암 치료제라고 해서 뜯어다가 먹이는 거죠. (웃음) 인제 잡초가 약초가 된 거지, 뒤집어보면 또 언제 약초가 독초가 될지 몰라요. 인간의 입장에서 선이고 악인 것이지, 어디 선악이 따로 있냐는 거예요."

"내가 나로서 존재하는 것은 신밖에 없어. 그게 절대라는 것이지"

"하나님은 천사와 악마를 모두 창조하셨죠. 그런데 우리가 천사와 악마를 분리한 것 자체가 선악과를 따먹어 선악을 알기 시작한 이후의 세계죠. 사실 이 세상은 이항의 대립으로 이뤄져 있어요. 밤과 낮, 선과 악, 남과 여…… 전부 그 프레임에서 못 벗어나고 있어요."

이 대목에서 선생은 갑자기 두꺼운 검은색 스케치북을 꺼내 들었다.

"내가 요즘 글을 못 쓰니까 이렇게 낙서를 해요. 누가 스케치북을 줘서 여기다 그림도 그리고 낙서도 하거든. (스케치북 어느 쪽에 적힌 「인간의 상대성 원리」라는 글을 풀이하여 읽기 시작했다. 자필로 쓴 그 글은 독백체 문장으로 쓰여 있었다.)

이 세상에 '절대(絶對)'라는 말은 없어. 있을 수 없지. 전부 '관계' 속에 있으니까. 절대라는 말을 쓸 수 있는 경우가 딱 한 번 있어. '절대라는 말은 절대로 없다'고 할 때 그 절대밖에 없어.

신이 존재한다면 그 존재가 바로 절대야. 상대성에서 완전히 자유로운 에고 에이미가 절대야. 상대성이 있으면 나는 나일 수가 없지. 나는 누구와의 관계에서 나를 해명하는데, 내가 나로서 존재하는 것은 신밖에 없어. 그게 절대라는 것이지.

그래서 신은 유일한 존재이기에 모든 신은 유일신이 될 수밖에 없어. 신에게 상대성이 있다면 신이 아닌 것이지. 그래서 잡신, 범신은 논리적으로 존재할 수 없어. 신은 하나밖에 없으니까.

사뮈엘 베케트(Samuel Beckett)가 한 말인데, 영어의 alone(혼자)은 all one이란 뜻이야. '나 혼자가 아니라 모든 것이 하나가 된다'는 의미지. 어머니는 자식들에게 늘 '사이좋게 놀아라'라고 말씀하셔. 싸우지 말고 노는 것이 사이가 좋은 것이야. '사이'는 나와 너의 한가운데, 빈칸이지. 내가 너에게 가지 말고, 네가 나에게 오지 말고, 이 빈칸에서 만나는 것, 그게 사이야. '나'와 '너'에서 벗어나야 한다는 의미지. 인간을 지배하는 것이 관계니까, 만날 때마다 '내'가 탄생하는 것이죠. 그렇지 않나요?

엑스터시(ecstasy, 황홀감)라는 말이 있잖아요. 엑스는 '밖으로'라는 뜻이고 터시는 '나'란 뜻이거든. 내가 밖으로 나오니까 황홀한 거야. 내가 무아(無我)가 되고 자아가 상실했을 때거든. 그러니까 내 존재가 신이 되고, 접신(接神)이 되려면 내가 밖으로 갈 수밖에 없는 거지.

우리가 신학을 얘기하든 임사체험을 말하든 초월을 이야기하든 어머니 자궁 밖의, 무덤 밖의 이야기야. 인간이란 한계 내에서 초월이지, 초월 밖을 어떻게 알아요?

사실 기호론자 입장에서 '말〔言語〕'은 상징계입니다. 말을 벗어난 세계, 그것이 기도하는 시간이라든지 계시의 시간이라든지, 그런 것은 다 언어(의 범주)에서 떠나는 것이지.

언어도단(言語道斷)은 나쁜 뜻으로 쓰이지만, 불교에선 좋은 뜻으로 쓰이거든. 언어는 잘라야 언어 망에서 벗어날 수 있어. 인간의 의식 안에서 자유롭게, 로고스와 이성으로 증명되는 의미체계를 붙여버리는 세계로 가야 역설적으로 알 수 있어요. 종교에서 말하는 엑스터시의 세계, 계시의 세계이고 나도 모르는 세계지.

언어로 표현할 수 없는, 이루 말로 다 표현할 수 없는 경험이란 언어의 세계에서 벗어난 것입니다. 기독교에서도 찬송가를 중요시해요. 기도를 열 번 드리는 것보다 찬송가 한 번 부르는 게 낫다고 하잖아요. 그게 초월적이라는 거야."

"악인이다, 선인이다 할 것 없이 조건이 똑같다는 거야. 예외 없어"

선생의 이야기는 다시 자아(自我)와 탈(脫)자아, 타자(他者)

의 이야기로 이어졌다.

"맥(脈)은 남이 짚는데, 가끔 자신이 진맥할 때가 있어요. 그때 자신의 오른손으로 왼 손목을 잡아요. 같은 몸의 손인데 오른손이 바깥으로 나가서 왼손을 잡는 거야. 잡는 손과 잡히는 손이 있다는 것은 내가 나를 벗어나는, 탈자(脫自)가 된다는 거지. 효자손으로 내 등을 긁을 때도 그렇고.

그런데 베케트의 영화 〈필름〉에는 자신의 왼손으로 오른손을 진맥하는 상징적인 장면이 나와요. 왜 베케트는 거꾸로 진맥을 했을까. 일종의 거울에 비친 나인 것이죠. 완전한 탈자의 모습을 그리고 싶었을 것으로 생각해요."

사뮈엘 베케트의 영화로 알려진 1965년 작 〈필름〉은 프랑스의 철학자 질 들뢰즈가 저서를 통해 최고의 아일랜드 영화라고 칭한 작품이기도 하다. 선생은 〈필름〉 이야기를 흥미진진하게 했다.

"영화에서 한 여인이 자식을 낳는데 난산을 하며 울부짖는 거야. 그 아이를 받으려는 사람은 큰 구덩이 아래에 있어. 그 구덩이는 무덤입니다. 아이를 받는 의사는 곧 무덤 파는 묘지기이기도 한 것이지. 의사가 아이를 자궁에서 끄집어낼 때

쓰는 '겸자'로 구덩이를 파고 있어요.

그게 바로 베케트가 만들어낸 '움툼(womb·자궁, tomb·무덤)'인 거지. 우리 일생을 필름처럼 빨리 돌리면 어떻게 될까. 태어나자마자 사람은 죽고, 의사는 묘지기가 되며, 겸자는 땅 파는 곡괭이가 되는 거지. 이런 관점에서 인간의 삶을 들여다보면 특정인을 악인, 선인이라 규정할 수 없어. 모든 인간의 조건이 똑같다는 거지. 예외가 없어. 이 같은 선악과의 결과에서 생겨난 이항대립의 의식, 그것이 곧 원죄이고 '실낙원'이 바로 우리가 사는 이 환경이라고 생각하면 기독교에 대한 모든 질문이 거의 풀린다고 봐요. 그런데 동양인, 우리 아시아인들에게는 원죄라는 개념이 없으니 기독교를 이해하기 힘들지요.

상당한 지식인도 원죄의 뜻을 이해하지 못해요. '나는 죄지은 것 없으니 예수교를 안 믿는다'고 말하지요. 원죄는 불교도 그렇지만 인간의 삶 자체가 부조리로 되어 있는 상황과 조건에 예외가 있을 수 없어요. 생사(生死)는 반대의 단어인데도 실은 같은 의미지요. 사뮈엘 베케트식(式)으로 이야기하자면, 태어날 때 이미 사형 선고를 받은 것이니까."

— 인간은 타자를 통해 자신을 규정하잖아요.

"그렇죠. 나는 남이 안 보면 존재하지 않아요. 여자의 곱게 한 화장을 누가 안 봐주면 그게 화장한 거야? 남이 나를 봐 줬을 때만 내가 존재하고, 누가 내 이름을 불러줬을 때만 내 가 존재하는 거야.

아무리 달이 휘영청 밝아도 모든 사람이 달을 안 보면 어 떻게 돼요? 있으나 마나 한 존재지. 선인과 악인의 개념에서 약간 동떨어진 이야기일지 몰라도, 하나님이 인간을 만드신 것은 당신이 창조하신 이 세상을 보여주기 위해서야. 만약 인간을 안 만드셨다면 이 만물을 봐주는 존재가 없을지 몰 라. 이 만물을 아름답다고 인식할 수 있는 존재가 인간이야. 짐승들이, 저 개가 달 보고 짖는 게 아름답다고 짖는 거야? 우리처럼 '이태백이 놀던 달아'라고 하겠어요?

하나님은 당신 형상과 닮은, 그리고 영혼을 집어넣은 분신 을 만드셨는데, 이게 잘되면 좋은데 어느 날 신이 되려는 거 야. '아바타'인 인간이 하나님이 된다?

물론 완전하면 모를까 불완전 존재잖아요. 게다가 완전한 척을 하면 자신을 위해서도 불행하니까 '다른 피조물하고 똑 같아져라' 하시며 에덴동산에서 내쫓으신 겁니다. 인간은 다 른 동물들과 똑같은데 생각은 신이야. 느낌도 신이야. 그런 데 그게 비극인 것이죠."

인간은 원죄를 타고난 부조리한 존재…… 예수님이 오신 이유

"인간은 원죄를 타고난 부조리한 존재입니다. 그래서 예수님이 오신 것이고 우리를 대신해 속죄한 것입니다. 인간의 힘으론 이런 부조리를 극복할 수 없기에 예수님이 오셔서 부조리를 극복하게 하셨어요. 거듭 말하지만, 인간 힘으론 모순과 차별을 없애지 못하죠. 그래서 우리는 끝없이 꿈꾸는지 몰라요, 신의 나라를…….

김 기자, 그런데 예수님 자신이 '바리새인(유대 3대 계파 중의 한 파로서 표면적으로는 완전하리만치 율법을 지키려는 사람들을 뜻한다)'을 악인이라고 생각하셨던 분입니다. 세상 사람이 죄인이라고 여기는 사람을 가장 가까이에 두시고 구제하셨어요. 로마 앞잡이였던 세리(稅吏)와 어울리고 창녀들과 함께 지내셨죠. 원죄를 짊어진 인간이기에 누구나 다 취약하고, 누구나 다 악인이 될 수 있어요. 자신의 한계를 알게 될 때 인간은 겸허함을 알게 되죠.

착한 사마리아 사람의 비유가 적절한 예일지 몰라요. 성경에는 강도를 만난 사람, 사제, 레위인, 사마리아인이 등장합니다.

나단이라는 남자가 예루살렘에서 예리코로 가는 길에 강도들을 만나죠. 그는 강도들에게 가진 것을 다 뺏기고 매까지 맞아 정신을 잃었습니다. 때마침 길을 가던 사제가 그를 발견했지만, 슬금슬금 뒷걸음치고 말았어요. 레위인도 뒤도 안 돌아보고 가버렸어요. 사마리아인만이 달려가 상처를 치료해주었어요.

착한 사마리아인은 기독교인이 아닙니다. 그런 그가 죽어가던 가엾은 사람을 돌보았어요. 그 사람만이 예수님의 뜻을, 기독교 정신을 아는 것이지. 이교도라고 할지라도 하나님의 사랑을 알면 우리와 같은 이웃이고 누구나 하나님 품에 안긴다는 사실이죠."

선생은 다음과 같이 정리했다.

"이병철 회장은 어디까지나 인간의 입장과 그 기준에서 악과 선, 부귀와 귀천을 판단하고 있지요. 인간의 부조리한 상황에서 사물을 보고 판단합니다. 신까지도 심판하려 해요. 그런 질문에 답하려면 자신을 밖으로, 인간 밖으로 나가야 하는데 그게 안 되지요.

그런데 예수님을 모델로 해서 뒤를 따라가면 인간이 육신을 가지고도 그 육신을 넘어서는 저편 너머 초월의 세계를 볼 수 있다는 것입니다. 그 점이 불교와 비슷하면서도 기독교와 차이가 있어요.

외부에서 자극을 받지 않아도 스스로 안에서 변화와 생성을 할 수 있는 오토포에시스(auto-poiesis, 자기조직화) 이론이 불교와 유사합니다. 수행을 통해 보살이 되고 부처(신)가 될 수 있다는 것인데 기독교는 반드시 밖에서 오는 힘에 의해서만, 다시 말해 타력에 의해서만 초월할 수 있어요. 물론 휴머니즘적 기독교도 존재하지만 정도의 차이입니다."

질문 17 이탈리아 같은 나라는 국민의 99%가 천주교도인데, 사회 혼란과 범죄가 왜 그리 많으며 세계의 모범국이 되지 못하는가?

"일본 기독교 사상가인 우치무라 간조(內村鑑三)라는 이가 있어요. 명치(明治) 개화기 때 일본의 첫 신자로서 미국을 동경했어요. 신학을 공부하려고 미국에 가보니 도둑에다 강도…… 기독교를 모르는 일본인보다 더 많은 악을 행하는 것을 보고 그만 실망하고 말았죠.

신학 공부를 단념하고 귀국한 뒤 일본에서 무교회주의 운동을 시작했어요. 일본이 기독교를 믿으면 미국보다 더 믿음이 강한 기독교 나라가 되겠다고 생각한 것이죠. 하지만 그는 잘못 생각했어요. 일본은 미국보다 범죄율이 낮을지 모르나, 대동아전쟁 때 남경에서 수백만 명을 살해하지 않았나요? 식민지 조선에 와서 나쁜 짓을 하지 않았습니까.

미국이 범죄율에서 앞선다고 해도 생명을 살상하는 전쟁에 반대하고 인권과 자유, 평화를 이야기하는 국가죠. 지구상에서 기독교를 믿는 국가들은 선을 따르고 불의를 멀리합니다.

그런 점에서 하나님 메시지는 개개인에게 있는 게 아니라 공동체의 큰 방향성에서 나타난다고 생각해요. 한마디로 화살표라는 것이지요. 기독교도 십자군으로 사람을 살해하고 남미에서 인디언을 멸족시키는 학살을 자행했죠. 그러나 죄를 깨닫고 변화하는 쪽으로 나아갔어요. 하지만 히틀러나 스탈린과 같은 독재자들은 자신의 권력을 위해 수백만씩 죽이고도 뉘우침이 없었습니다.

아무리 이탈리아가 사회 혼란에 빠져 있다고 해도 거꾸로 보면 많은 고대 유적과 고전, 오페라, 디자인 등이 인간의 영혼을 즐겁게 만들었죠. 오히려 기독교를 믿었기에 예술작품이 탄생할 수 있었고 생명의 존귀함을 예술로 승화할 수 있었어요.

그리고 비교의 축이 뭔가요? 만약 기독교를 믿지 않았더라면 더 혼란스러운 나라가 되어 있을지도 모른다는 가정도 있을 수 있지요.

인간의 잣대로만 보지 말고, 물질적 번영만을 기준으로 삼지 말고, 지엽적인 사례만으로 판단하지 말고, 그 밑에 흐르는 큰 방향의 흐름을 거시적으로 봐야 합니다. 문명의 강은 너무나 넓고 광대해서 그 흐름이나 흐르는 물소리가 보이거나 들리지 않아요.

백주에 학교 교실에 들어가 기관총을 난사해 무차별 살해를 하는 '묻지 마 범죄'가 일어나는 나라, 인종차별로 혼탁한 사회, 그런데도 왜 많은 이가 그 위험하고 몹쓸 '미국'으로 자녀를 공부시키러 보낼까요? 막스 베버의 『프로테스탄트 윤리와 자본주의 정신』처럼 종교와 문명·문화를 직결시켜 설명하려는 방법은 낡은 생각이지요. '복잡계'처럼 무수한 원인의 결과가 오늘의 사회현상을 낳았다고 봐야 해요."

질문 18 신앙인은 때때로 광인처럼 되는데, 공산당원이 공산주의에 미치는 것과 어떻게 다른가?

질문 19 천주교와 공산주의는 상극이라고 하는데, 천주교도가 많은 나라들이 왜 공산국이 되었나?

질문 20 우리나라는 두 집 건너 교회가 있고 신자도 많은데, 사회 범죄와 시련이 왜 그리 많은가?

질문 23 천주교의 어떤 단체는 기업주를 착취자로, 근로자

를 착취당하는 자로 단정, 기업의 분열과 파괴를 조장하는
데, 자본주의 체제와 미덕을 부인하는 것인가?

"공산당원이고 기독교인이고 미치는 것은 공통적인 거요.
(웃음). 푸코가 『광기의 역사』 『감옥의 역사』를 썼잖아요. 역
사적으로 르네상스 시기의 광기란, 귀신 들린 사람의 이미지
에서 느껴지듯 신비롭고 이성으로 얻지 못하는 그 무엇을 주
는 존재로 여겨졌어요.

플라톤에게 '미쳤다'는 것은 나쁜 점과 함께 좋은 점도 있
다고 봤어요. 좋은 점 반, 나쁜 점 반이랄까. 미친 사람은 우
리와 다른 생각을 해서 새로운 이야기를 한다고 생각했죠.

17~18세기에 들어 광기는 범죄로 여겨졌는데, 광인은 거
지나 게으름뱅이, 도둑과 함께 감금당해야만 했어요. 산업화
가 본격화된 18세기를 지나며 노동력이 부족해지자 거지나
범죄자는 돌려보내고 광인만 남겨뒀어요. 광기는 비로소 치
료받아야 할 질병으로 여겨졌던 거죠.

그런데 '미쳤다'의 표준이 뭐냐는 겁니다. 구(舊)소련에서
는 정부를 욕하면 정신병자 취급을 했어요. '이렇게 살기 좋
고, 이렇게 완벽한 사회에서, 정신병자가 아닌 다음에야 어떻
게 정부를 비판할 수 있느냐'는 것이었어요. 자신들이 만든
가치에 어긋나는 아웃사이더들을 환자로 격리해버렸어요.

사상적으로 보면 그 시대의 윤리와 도덕에 반대되는 사람을 가뒀어요. 그들을 가둔 감옥을 보면, 그 사회가 뭘 믿고 뭘 지향하려는 것인지 다 나와요. 그러니 미쳤다고 손가락질 받으며 감옥에 간 사람들은 환자도, 병자도 아니라 사회의 아웃사이더들이지. 그들을 미친 사람으로 만들어 구별하려 했던 겁니다.

미국은 종교 탄압을 피해 자유를 찾아 대서양을 건너온 청교도 이민자들이 세운 국가잖아요. 강한 극기심과 목적 의식을 가지고 독립전쟁이나 남북전쟁 등을 비롯한 많은 전쟁을 거쳐 자본주의를 발전시켜왔어요.

그 결과 그들이 믿는 자유, 즉 미국적인 민주주의에 바탕을 둔 자유를 구가할 수 있었던 거죠. 어떻게 생각하면 유럽의 아웃사이더들이 세계에서 제일가는 나라를 만든 셈이죠.

유럽에서 쫓겨난 범죄자, 실업자, 마이너리티가 모여 세계에서 가장 강력한 나라를 만든 동력이 된 것이에요.

그러나 종말론이라는 역사의식에서는 마르크스와 공통점도 있어요. 그래서 '니 마르크스 니 지저스(마르크스도 예수도 아닌 국가)', 소위 알고리즘의 혁명이 지배하는 실리콘밸리를 세웠다고 말하는 사람도 있습니다. 하지만 실리콘밸리는 어쩌면 완벽을 꿈꾸는 인간의 기독교적 광신과 마르크스적 광신 같은 성(聖)과 속(俗)이 합작한 마지막 인류의 꿈이라고 할 수도 있겠지요."

선생은 "구소련의 공산체제를 알기 위해서는 동방 교회의
오서독스(orthodox)한 면을 이해할 필요가 있다"고 말했다.

"서방 교회는 하늘나라와 땅을 이원적인 성과 속으로 분리
시켜 교황도 있었고 왕도 두었어요. '카이사르의 것은 카이
사르에게 주어라'라는 예수님의 말씀에도 잘 드러나 있어요.
그런데 러시아 정교회는 하늘과 땅을 하나로 보려 했어요.
왕이 교황이고, 교황이 왕인 일원적 시스템이지요. 일당주의
고 획일주의입니다. 천상과 지상의 교회가 서로 일치된 체제
를 만들려고 한 것이지요.
구소련이 지향하려 한 가치는 러시아 정교회와 본질적 가
치는 달라도 그 구조 면에서는 유사점도 많아요. 역사 종말
론이 그렇거든. 물질적 생산력이 일정한 발전 단계에 따라
계속 정반합을 거듭하면서 진보하는데, 이러한 과정을 거친
이데올로기의 최종 단계를 공산주의 사회로 보았잖아요. 지
상에 천국을 만든다는 것이지요. 다만 성이 속을 지배한 것
이 중세의 체제이고 속이 성을 지배하는 것이 현대의 전체주
의라고 할 수 있겠지요."

한류(韓流)와 한국 기독교의 매력

– 소련 붕괴 이후의 공산권 국가들을 어떻게 보시나요.

"지금 러시아를 보세요. 마르크스가 지배했던, 무신론이 지배했던 정치적 가치가 무너졌잖아요. 군대조직이나 집단 농장 같은 생산양식은 그대로 지니지만, 정신적 가치가 없으니 강대국이나 세계를 아우르는 국가가 될 수 없는 것이죠.

중국도 마찬가지야. 미국과 맞설 만한 경제력, 군사력을 갖췄지만 세계에 내놓을 가치가 없어요. 그들이 지향하는 가치는 철 지난 마르크스주의에 의존할 수만도 없잖아. 그리고 한국의 BTS(방탄소년단) 같은 엔터테인먼트의 한류 같은 것도, 지구적 보편성을 갖춘 매력 있는 새로운 발명품도 없어요. 세계가 정말 중국에 매력을 느끼는 그 '무엇'을 찾아보기 힘들어요. 군사력, 경제력과 함께하는 문화력이라는 것이 결여돼 있다는 겁니다.

미국을 비난하고 그들의 자본주의를 욕하지만, 정치체제로서 자유와 민주 사상은 비록 너절한 '팝 컬처(pop culture)'의 소비문화라고 해도 아직은 젊은이들을 끌어당기는 매력이 있고, 또 여전히 창의력과 모험의 아메리칸 드림이 남아 있어요. 그래서 비자를 받으려고 종일 미국대사관 앞에서 줄을 섭니다. 그러나 지금 그 해양 세력(sea power)이 기울어지고 대신 대륙 세력(land power)이 일어나고 있지요. 새로운 지정학이 발생하고 있는 것이지요.

인간은 생명의 본능을 타고난 존재들입니다. 어디로 가면 살 수 있을지 알게 되면 목숨을 걸고 향합니다. '보트 피플'이 왜 생겼나요.

본능적으로 못 살겠다, 해서 떠난 겁니다. 그런 나라는 절대로 오래 못 가죠. 왜? 매력이 없기 때문이야. 경제력, 군사력보다 사람을 끌어당기는 매력이 없는 나라는 죽음의 나라입니다. 부국강병의 패러다임에서 공감과 상생을 할 수 있는 문화의 소프트 파워, 스마트 파워가 미래의 한 생명 자본으로 다가오고 있지요. 옛날에는 외국인 노동자들이 일하려고 한글을 배웠는데 이제는 드라마 〈겨울연가〉에 나오는 대사나 방탄소년단의 노랫말을 배우려고 한국어를 배우지요. 그래도 '한강의 기적' 다음에 한류라는 문화적 매력이 있기에 외국에서 사람들이 찾아오는 겁니다. 여기에 희망이 있어요. 한국의 기독교도 그 매력 중의 하나가 돼야 합니다.

한국 교회가 자주 욕을 얻어먹지만 그래도 전 세계에서 교인이, 교회(성당)가 불어가는 곳은 한국뿐이라고 하죠. 아무런 기독교적 전통이 없는 곳에서, 선교사가 오지 않아도 스스로 하나님을 믿은 백성이었죠.

그런 면에서 한국은 영적인 나라입니다. 기독교인 하면 왠지 매력이 흐르고, 기독교인에겐 시집·장가를 보내고 싶고, 기독교인 하면 나라를 대표하는 외교관을 시키고 싶게 만들어야 합니다. 그런 매력을 풍기지 않으면 한국 교회는 쇠퇴하게 돼요.

예수님은 온전한 아흔아홉 마리의 양을 두고 잃어버린 한 마리의 길 잃은 양을 찾아 나섰지 않았습니까. 길 잃은 한 마리 양을 찾는 정신이 없다면 이병철 회장의 답변이 공허하게 됩니다. 하나님은 교회 안에 계시는 것이 아니라 광야(廣野)에 계십니다. 교회 밖에 계십니다. 아무도 돌보지 않은 길 잃은 이들을 불러 모을 수 있는 매력, 그 사람 곁에 있으니 마음이 녹는다고 말할 수 있을 기독교인이 돼야 합니다.

미래는 인공지능 로봇을 누가 잘 만드는가로 승패를 가르는 것이 아니라 누가 더 인공지능의 휴머노이드와 잘 어울리며 사는가에 경쟁의 트로피가 넘어갈 것입니다. 신에게 기도하는 로봇은 만들지 못하니까요. 필요도 없고요. 포식에서 기생으로, 기생에서 상생으로 문명은 크게 변하고 있어요. 상생의 원리는 종교에서 나옵니다. 사랑, 인(仁) 그리고 관용 같은 덕목으로 말이죠."

신, 좌표 X

계속된 선생의 말이다.

"벽돌이 깨지고 부서지면 다른 벽돌로 대체할 수 있지만, 아무리 못생긴 사람도 그 사람이 죽으면 다른 사람과 대체할 수 없어. 그만큼 비게 되는 거야. 그만큼 지구는 가벼워지는 거야. 그걸 하나님과 연관지어 생각해봐요.

내 옆에 이 세상에 하나밖에 없는 존재가 있어요. 악인이든 선인이든 성한 사람이든 안 성한 사람이든, 그 사람이 죽으면 창조의 입김이, 창조의 지문이 사라지는 거야.

그러니 어떻게 내 이웃이 남이야? 나의 일부지.

그게 사랑인 거여. 사랑이라고 끌어안고 먹을 것 주는 그런 사랑이 아니라, 나 외에 타자가 있는데 그 사람이 아니면 나도 없어. 역으로도 똑같아. 그 사람이 저렇게 존재하듯이 나는 이렇게 존재하는 것…… 그런 하나밖에 없는 사람들이 수천, 수만 년 동안 부대끼며 살아온 것이죠.

사람은 '늙다'라고 하지만, 물건은 '낡다'라고 하잖아요. 낡다와 늙는다는 같은 말입니다. 모음 하나 차이지요. 오래된 물건을 낡았다고 하는 것은, 인간은 물건이 아니라는 증거지. 이 한마디만으로 난 물건이 아니야, 난 궤짝이 아니야, 난 상자가 아니라고 말할 수 있어요. 그럼 뭐냐? 생명을 가진 존재라는 거야.

상자(箱子)는 죽지도 못해요. 부서지지. 그래서 생명이 소중합니다. 예수님께서는 생명을 말씀하시며 요한복음에서 '나는 길이요 진리요 생명'이라고 하셨어요.

예수님이 제자들에게 '내가 가는 곳에 그 길을 너희가 알리라'고 하시자, 과학자처럼 의심 많은 도마가 이렇게 말해요.

'주여 어디로 가시는지 우리가 알지 못하거늘 그 길을 어찌 알겠삽나이까'라고요. 예수님이 딱한 눈으로 그를 보시며 '내가 곧 길이요 진리요 생명이니 나로 말미암지 않고는 아버지께로 올 자가 없느니라'고 하셨어요. 길이 있고, 진리가 있고 생명이 있는 곳에 예수님이 계시다는 이야기인 것이에요. 눈물 나는 얘기잖아요? 나는 길이요 진리요 생명이니라…….

'어디 문패 보고 오냐? 길로 가고 진리로 가고 생명이 있는 곳에 내가 있어'라고 하신 겁니다. 이 말씀은 결국에 크리스천이니 기독교니 그런 범주와 언어를 벗겨내더라도, 지금껏 말한 하나님이란 존재를 그냥 '좌표 X'라고, 혹은 생명이라고 불러도 됩니다.

신의 세계는 우리가 모르는 초월한 세계에 있으니까요. 인간 영역을 넘어서는, 아무리 위대한 사람도 될 수 없는 그런 영역을 미루어 짐작하는 것이죠. 똑같은 현상을 거울에 비춰

보면 정반대의 모습이 있듯이, 비대칭적인 것이 있다는 것을 보면 볼수록 '저쪽에 이와 다른 세계가 있구나' 하고 느끼게 되는 것과 같아요."

질문 21 로마교황의 결정엔 잘못이 없다는데, 그도 사람인데 어떻게 그런 독선이 가능한가?

질문 22 신부는 어떤 사람인가? 왜 독신인가? 수녀는 어떤 사람인가? 왜 독신인가?

"제도로서의 종교, 믿음으로서의 종교는 다르지 않을까요? 학교는 교육인가요? 아니죠. 교육의 수단이 학교잖아요. 군대나 감옥에 점호의 방식이, 나름의 제도가 있거든요. 자료를 보니 가톨릭 성직자가 결혼하지 않는 관례는 약 4세기부터 형성된 것이라더군요. 그리고 성직자의 독신주의가 교회법으로 규정된 것은 1123년 제1차 라테란 공의회 때라고 해요.

불교도 마찬가지예요. 스님 중에도 결혼을 허용하는 교파가 있다고 해요. 교리의 도그마와 종교의 본질을 똑같이 생각하지 마세요. 세속적인 제도이지 하나님이 만든 제도가 아닙니다. 하나님을 믿는 수단이 목적이 될 수 없어요.

성경에 이런 이야기가 나옵니다. 예수님께서 안식일에 밀밭 사이로 지나가셨죠. 그런데 제자들이 배가 고파서, 밀 이삭을 잘라서 먹기 시작했어요. 바리새인이 그 모습을 보고 '당신 제자들이 안식일에 해서는 안 되는 일을 하고 있다'고 따졌어요. 예수님께서 이렇게 말씀하셨어요.

'다윗과 그 일행이 굶주렸을 때, 다윗이 어떻게 했는지를 너희는 읽지 못하였느냐? 다윗이 하나님의 집에 들어가서 제사장밖에는 먹지 못하는 제단 빵을 먹고 그 일행에게도 주지 않았느냐?'

바리새인들은 안식일만 지키면 되는 줄 알았거든요.

독신을 지키면서 종교를 믿으면 수도(修道)가 잘되고, 신을 영접하는 데 좋다는 것이지만 그(독신) 제도도 인간이 만든 제도지 하나님이 일일이 강령을 만들어주시지는 않으셨죠. 그런 하나님은 존재하지 않으세요. 지상의 것들을 그렇게 세세하게 지시하려면 뭐 하려고 (에덴동산에서) 내쫓았겠어요. 계속 데리고 있지. (웃음)

서양에서 '종교'를 뜻하는 릴리전(religion)의 어원에는 여러 뜻이 있는데 그중 하나가 'religare(다시 묶다)'입니다. '신과 인간을 다시 연결시키는 것'을 의미한다고 해요. 종교는 신과 인간을 다시 이어주자는 것이거든요. 그러니까 교황도 실수할 수도, 잘못할 수밖에 없어. 왜? 하나님과 떨어져 있기 때문이에요.

　그런데 식당 가서 식중독 걸렸다고 앞으로 식당에 안 가요? 저 교회에 나쁜 사람 있다고 교회 안 가? 영화관에 갔는데 영화가 재미없어. 앞으로 영화 안 봐? 영화관에 재미있는 영화도 있고 반대의 경우도 있고, 식당에 맛난 음식도 있지만 맛없는 음식도 있는 법이잖아요.

　인간은 실낙원으로 하나님과 떨어졌기에 예수님이 오신 것 아닌가요? 예수님이 오셔서 다 해주셨는데 그래도 안 되니까 예수의 대리자인 목사, 신부가 생긴 겁니다. 저도 대리인들, 직원들을 몇 명 데리고 있어요. 그 사람들이 잘못했다고 나한테 따지면 나는 억울하지. 물론 내게 책임이 없는 것은 아니지만. 그러니까 수단과 목적, 본질과 현상을 분할(分割)해서 바라봐야 합니다."

질문 24 지구의 종말은 오는가?

　– 지구의 종말이 올까요.

"반드시 오죠. 제레미 리프킨이 말한 '엔트로피 법칙'만 봐도 언젠가는 지구의 열(熱)이 식어서 정적에 들어갑니다."

원래 '엔트로피'라는 단어는 인류가 태곳적부터 관심을 가져온 '열'이라는 개념을 19세기 유럽의 과학자들이 역학적 이론으로 접근하는 과정 중에서 나온 용어다. 에너지가 생성되거나 소멸되는 과정에서 지구상에 한정된 에너지를 계속 소비하면 혼란과 환경오염 문제 등이 지속적으로 증가한다는 학설이다. 계속된 선생의 말이다.

"물을 끓여봐요. 계속 놔두면 부글부글 끓다가 언젠가부터 평정해지잖아요. 막 에너지가 폭발할 듯 움직이지만 언젠가는 없어지고 평정해지는데, 엔트로피 값이 제로가 되는 것이죠.

이처럼 모든 것이 무(無)로 돌아가면, 지구도 종말하게 되리라 봅니다. 성경의 묵시록을 들지 않아도 물리학자들 역시 언젠가 지구에 종말이 온다고 말합니다. 그날이 언제가 될지 모르지만, 종말은 기독교적 종말론자에게만 국한된 얘기가 아닌 것이죠.

기계적으로도 영구(永久)운동 하는 장치를 아직 발명하지 못했다고 합니다. 우주 법칙으로는 절대 영구운동이 안 돼요. 에너지는 반드시 소멸할 수밖에 없으니까요. 그래서 지구는 종말이 온다, 입니다.

그런데 지구의 종말을 얘기할 때 '사과나무' 이야기가 반드시 등장하는데 우리나라에서만 스피노자가 한 말로 알려졌어요. 이번 기회에 좀 밝혀줘요. 스피노자가 한 말이 아니라 마르틴 루터가 한 말이에요. 그의 묘비명에 그렇게 쓰여 있어. 전 세계에서 스피노라고 하는 사람은 한국인밖에 없어요. 가짜뉴스가 한국에서만 통용돼요. 하하하."

　– 내일 당장 지구의 종말이 온다면 무얼 하시겠습니까.

　"종말을 구경할 겁니다. 마지막 와칭(watching)이랄까. 세상이 어떻게 끝나나…… 죽음이 어떻게 닥치고 어떻게 끝나나를 마지막까지 지켜볼 겁니다. 그러고 나서 한마디 키워드로 말하렵니다.

　'황홀'이라든지 '무'라든지, 언어를 다룬 사람이니 지구에 종말이 닥쳐도 최후의 증인이 되어 '지구는 이렇게 끝났다'는 기록을 남기고 싶습니다. 아무도 볼 수 있는 사람이 없고 기록된 후에 이미 종말로 사라진다고 해도 말이죠.

　암 환자가 암에 대해 마지막 희망을 갖고 글을 쓰면, 암보다 한 걸음 더 나아가는 것이라 볼 수 있지 않겠어요? 마찬가지로 종말에 대해 쓰면, 그 기록은 종말 뒤에 오는 것이니까 종말보다 0.1초 더 사는 거지. 의미론적으로 말이죠. 그래서 나는 글을 쓰고 한마디 말로 남길 겁니다. 사과나무가 아니라 언어의 씨앗을 우주에 뿌리는 것입니다."

– 이렇게 모든 질문이 끝이 났습니다. 이병철 회장의 스물 네 가지 질문, 뒤돌아보면 어떤 생각이 드시나요.

"스물네 가지 질문 중 상당수는 시대가 바뀌어서 이미 물어볼 필요가 없는 질문이 많았어요. 또 굳이 제가 말하지 않아도 정답이 있는 질문들이죠.

몬시뇰처럼 교리에 바탕을 두기보다 지성과 영성의 문지방 위에서 헤매는 사람······ 저처럼 그 문지방을 넘어 영성의 빛을 향해 더 높은 곳으로 가려는 사람을 위해 답한 것입니다. 그리고 대학교수였고, 글 쓰는 사람이고 기호학을 전공한 사람이니까 '태초에 말씀이 있었다'는 로고스를 언어와 이성의 차원에서 풀어간 것이죠.

사막의 척박한 곳에서의 굶주림과 갈증이 정신적으로 승화되는 종교가 기독교입니다. 성경은 가장 굶주린 단계인 배고픔부터 가르쳐주고, 거기서 나아가 또 다른 배고픔과 갈증을 가르쳐주고, 마지막에는 영성에 도달하는 갈증을 가르쳐줍니다. 제가 성경을 읽으며 발견한 것은 갈증과 굶주림이 영성으로 인도한다는 사실입니다.

저는 암과 싸우고 있어요. 죽음을 앞둔 이병철 회장처럼 절박한 입장입니다. 가난한 제단 위의 촛불을 켜는 심정으로, 질문하는 사람과 같은 갈증과 굶주림으로 이야기한 것이죠.

그저 스물네 가지 질문에 작은 씨를 뿌린 것에 불과합니다."

마지막 퍼즐의 한 조각이 이렇게 해서 맞춰졌다. 용의 눈이 그려졌다. 선생은 모든 이야기를 끝내고는 아주 낮은 목소리로 '아버지의 도끼 이야기'를 마치 덤처럼 들려주었다.

"나무꾼이 숨을 거두면서 도끼 한 자루를 아들들에게 남겼지요. 아들들은 오랜 세월 아버지의 유품인 그 도끼를 소중히 써왔는데 도끼자루가 다 닳아서 새 나무로 그 자루를 바꿨어요. 그러다가 도끼날도 닳아 새것으로 바꾸었죠. 아버지의 도끼는 그 자루도, 도끼날도 없어졌는데 여전히 아들들은 그것을 '아버지의 도끼'라고 불렀습니다. 나무가 없어지고 쇠가 사라져도 '아버지 도끼'는 그래도 남아 있어요. 그게 불멸이지요."

머리에서 번개가 쳤다. 선생은 인터뷰 앞부분에 언급했던 세 가지 세상(피시스·세미오시스·노모스) 이야기로 다시 돌아갔다.

"도끼자루와 도끼날은 피시스(물질·자연계)죠. 그리고 '아버지의 도끼'라고 불렀던 그 이름은 세미오시스(기호·상징계)

입니다. 우리가 '하나님 아버지'라고 부르는 신, 그리고 그 신과 소통하는 미디어인 성경의 말씀, 기도, 찬송가의 노랫소리는 불멸의 영성입니다. 그리고 목자와 교회의 모든 제도는 노모스(법·제도)죠.

제도가 바뀌고 자연의 물질은 도끼자루나 도끼날처럼 시간 속으로 마멸되어 사라져도 '아버지의 도끼'라는 그 말, 그 의미와 상징은 〈쥬라기공원〉 공룡의 'DNA 패턴'처럼 부활하리라 생각해요. 그리고 과학(피시스), 신학(노모스), 시학(詩學)이 더해져 영성의 세계로 향하게 됩니다. 이것이 바로 '하나님 아버지'의 영입니다."

선생이 켜든 제단의 촛불은 '아버지의 도끼'처럼 나무꾼 아들들에 의해 영원히 이어져갈 것이다.

3

2021년 5월

: 코로나 팬데믹과 예수님의 얼굴

이어령 선생이 말하는 코로나의 역설(逆說), 죽음의 역설*

"죽음이란 무시무시한 사자를,
저 괴물을 코로나19가 인류에게 보여주고 만 것"

　　이어령 이화여대 명예석좌교수는 '지성과 영성의 만남'으로 세상을 통찰하는 이 시대 스승이다. 세상을 텍스트 삼아 기호학의 분석으로 '하늘이 노랗게 보이는' 절망 속에서 새로운 희망을 길어 올린다.
　　스승의 말, 스승이 안내하는 길을 따라가다 보면 알게 된다. "성경 속 유목민들이 건넜던 저 광야의 바람 소리"를 들을 수 있다.

---

* 〈월간조선〉 2021년 6월호에 실린 글을 수정 보완하였다.

스승의 이야기를 듣다 보면 그의 말이 기도 소리처럼 들리는 것을 체험하게 된다. 바짝 긴장하지 않으면 그 기도는 증발해버린다. 스승은 "늘 깨어 있으라"고 말하는 것 같다.

인류가 전대미문(前代未聞)의 코로나19 바이러스를 경험하게 되었다. 세계대전(世界大戰)보다 더 거대한 죽음 앞에 벌거벗은 채로 살아가게 되었다. 언제 닥칠지 모르는 죽음과 한 이불 속에 나란히 눕게 되었다. 죽음은 끔찍한 일상(日常)이 되었다.

오랜만에 만난 스승은 이 죽음이 우리 삶을 어떻게 변화시켰는지, 어떻게 변해야 하는지를 설명해주었다. 지난 5월 4일 서울 평창동 영인문학관에서 스승을 만났다.

– 코로나19로 인해 죽음을 마주하게 됐어요. 죽음이 멀리 있지 않고 우리 일상과 마주 앉게 되었습니다.

"지금까지 우리는 죽음을 추상적이고 멀리 있는 존재로 여겼는데 코로나19를 겪으면서 달라졌어요.

죽음은 그저 우리 안에 갇힌 사자, 철창 안에 갇힌 호랑이에 불과했어요.

언젠가 나도 '그들처럼' 죽는다고 생각은 했지만 우리 안에 갇혀 있다고 여긴 것입니다. 일종의 '판단 중지'지요.

죽음이 갖는 무서움, 저놈이 날 잡아먹을 수 있다는 공포는 관념으로만 존재할 뿐이었지요.

무시무시하고 날카로운 이빨을 가진 사자, 호랑이와 외나무다리에서 만나리라고는 꿈에도 생각지 못했죠. 적어도 '오늘은 아닐 것이야'라고 생각하며 살아왔던 겁니다.

그런데 저 우리의 사자가……."

"모래알 수만큼이나 막연했던 죽음이 갑자기 우리에게"

– 죽음의 실체를 이제야 대면하게 된 것이지요. 죽음이 얼마나 무시무시한지…….

"코로나19로 인해 우리 안에 갇혀 있다고 여긴 사자와 호랑이, 즉 죽음이 길거리로 뛰어나온 거지. 죽음의 공포, 굶주린 맹수의 습격을 한두 사람이 아니라 온 마을, 온 도시, 온 인류가 깨닫기 시작한 거야.

생각해보세요. 으르렁대는 호랑이는 무섭기는 하나 우리 안에 갇혀 있다고 생각하고 살았는데 그놈이, 그 끔찍한 공포가 거리로 뛰쳐나온 겁니다. 두려움에 바들바들 떠는 사람이 타인이 아닌 코로나19를 겪는 우리 자신입니다. 그런데 이 호랑이, 저 사자가 안 보여. 어디서 어떻게 나타나 덮칠지 몰라요."

  ─ 죽음의 공포가 일상이 됐어요.

"우리 안에 있던 죽음, 지금까지 알던 그 사자가 아니야. 두렵지만 그래도 안심하고 봤던 그놈이 골목 어귀에서, 출근길 만원 버스 안에서, 시장 가다가 딱 마주치게 된 겁니다. '존재하는 것은 모두 죽는다'는 철학자나 성직자의 가르침보다 더 강렬하게, 이 죽음이란 무시무시한 사자를, 저 괴물을 코로나19가 인류에게 보여주고 만 겁니다. 우리가 발 딛고 섰던 인류의 문화·문명이, 원폭(原爆)으로도 무너지지 않던 문명·문화가, 조그마한 바이러스[自然]한테 허망하게 무너진 것이지요."

  ─ 우리가 발 딛고 살아왔던 지금까지의 문화·문명이 허망하게 무너진 것이지요.

"죽음 앞에 생(生)의 기원(origin)마저 힘을 잃어버렸어요. 진화론자의 주장처럼 호모 사피엔스가 원숭이로부터 혹은 침팬지로부터 갈라진 역사가 사실이든 아니든 아니, 하나님이 창세기를 통해 인류 창조의 비밀을 밝히신 것이 진실이든 아니든, 오늘날 이 무시무시한 사자가 날뛰는 아비규환 속에서는 의미를 잃어버린 겁니다.

혹은 민주주의가 가르쳐온 '자유와 인권, 프라이버시의 보장' 같은 생명의 권리가 침해를 받아도 말 한마디 못하고 복종하는 상황을 가져온 것이지요."

"실존적으로 우리가 '죽음'을 겪고 있다는 것이 핵심"

– 코로나19가, 죽음이 모든 가치를 빨아들이고 있다는 것인가요.

"실존적으로, 현실적으로 우리가 '죽음'을 겪고 있다는 것이 핵심입니다. 종교 다 그만두고, 진화론 다 그만두고서라도 말이죠. 그런데 이 죽음이 내일 몇 시 몇 분에 나타나는 게 아니고 언제 저놈이 날 잡아먹을지 모르겠다는 겁니다. 그게 공포지요. 예정된 죽음은 공포가 아닐지 몰라요. 언제 어떻게 나타날지 모르는 죽음, 느닷없는 공포가 정말 무서운 존재지요."

- 코로나19로 인해 절대적 존재에 대한 믿음마저 흔들리고 있습니다.

"여태껏 한국인의 종교는 서구인과 달랐어요. 종교가 파국적이고 부딪히는 것, 깨지는 것, 부서지는 역사를 거쳐온 면에서 치열하지 않았어요. 우리 신앙의 선조(先祖)들이 순교와 죽음으로 종교를 증거했으나 일반적인 신앙인들은 믿음이 점잖다고 할까요? 치열하지 않았지.

동양 사상이 훌륭해서 그런지도 몰라요. (웃음) 극적이고 드라마틱한 그리스도교와는 달라요. 공자를 떠올려봐요. 생김새부터 온화하잖아. 제자들 중에 배신한 제자도 없고 편안해요. 수레도 타고 다녀. (웃음) 예수님에게 수레가 어디 있었어요? 심지어 맨발이야. 제자들이 있긴 있는데 공자 같은 제자들이 아녀.

공자 제자들은 먹을 것 다 벌어가지고 주군 모시듯이 했지만, 예수님 제자들은 배신을 밥 먹듯 합니다. 오병이어, 만선(滿船)으로, 혹은 병든 환자를 싹 낫게 하는 기적을 보여줬지만 자기 살려고 배신을 했어.

공자의 제자들은 당대 최고의 지식인인데 예수님의 제자와 비교 불가야. 무식한 어부들도 있고. 이처럼 아주 드라마틱한 신앙이지만 동양의 믿음은 상대적으로 조용한 거지.

저쪽(예수교)은 세기(世紀)의 승자가 되었지만 예수님의 고통스러운, 창에 찔려 피를 흘리는…… 신앙이지요. 그리스도교를 타 종교와 비교하려고 하는 게 아니라 상징이 그렇다는 거야."

– 그리스도교에서 말하는 죽음, 드라마틱한 죽음의 공포를, 한국인이 코로나19를 통해 경험하게 됐다는 말인가요.

"하루 수천 명이 죽고 며칠 사이에 100만 명이 확진 판정을 받으며 화장터에 흰 천으로 감싼, 코로나19로 인해 죽은 시체가 장작더미에 쌓여 있는 절망적 죽음을 생각해봐요. 시신을 소각하는 연기가 온 천지로 가득한 그런 죽음……. 얼마 전 AP통신이 '인도에서 화장터가 붐벼 대기하고 있는 시신들이 있다'고 보도했잖아요.

우리가 직접 겪지 않았더라도 서양의 경우 확진자 급증으로 의료체계가 붕괴되었어요. 병원 화장실에 시신이 방치돼 있고 환자들이 배설물 사이에 누워 있는 모습이 공개돼 충격을 주었어요. 시신과 환자, 배설물 등이 널브러져 있는 처참한 참상을 떠올려보라고요. K방역이 성공하고 안 하고가 아니야."

"모든 질병에 대해, 소위 '과학'의 이름하에 위생이란 말이 생겨나"

– 역병(疫病)의 역사를 보면 동서양이 따로 없지만, 그래도 자세히 들여다보면 뭔가의 흐름이 보여요.

"우선 '바이러스'라는 말, 그리고 '백신'이라는 말부터 다 달라요. 바이러스는 독(毒)을 뜻하는 라틴어 '비루스(virus)'에서 유래되었는데 그게 유럽에서 세계로 퍼지면서 우리는 영미 문화권에서처럼 '바이러스'라고 불러요. 중국과 북한은 '비루스', 일본은 독일식 '우이루스'라고 하고요. 또 우리가 '백신'이라 부르지만 일본은 '왁찐'이라고 해요. 동서양의 문명·문화의 차이도 분명하게 그 민낯을 드러낸 셈이지요.

코로나19는 동쪽(동양)에서 시작돼 서쪽(서양)으로 번졌는데 과거 역병의 전파 경로도 이와 다르지 않았던 것 같아요. 여러 설이 있긴 하지만 페스트가 북아프리카에서 시작되어 중앙아시아를 거쳐 (유럽에) 유입되었다는 설, 인도에서 시작돼 서아시아를 거쳐 유럽으로 유입되었다는 설, 몽골의 지배하에 있던 중앙아시아 평원 지대에서 동유럽의 해상 교역로를 따라 유럽 전역에 퍼졌다는 설까지 다양하죠."

– 역병을 통해 인류가 어떻게 변모하게 됐나요.

"1665년 무렵 대역(大疫), 즉 흑사병이 창궐했을 때 영국 런던이 아수라장이 됐어요. 런던 인구 46만 명 가운데 약 10만 명이 사망했고 3분의 2는 시골로 피난길을 떠났다고 합니다.

심지어 1666년 9월 2일 대화재로 온 도시가 화염에 휩싸일 정도였어요. 그때 런던 가옥이 목조였어요. 빈민가의 비좁은 골목, 길바닥은 진창이어서 쥐들이 들끓기 딱 좋은 구조였어요.

흑사병으로 도시는 황폐화되었고 수많은 이가 세상을 떠나고 말았어요. 대니얼 디포(Daniel Defoe, 1660~1731)의 『저널 오브 더 플래그 이어(A Journal of the Plague Year)』(1772)를 읽으면 숫자가 많이 나오거든. 어디서 몇 명이 죽었다는 통계치가 다 나와요. 통계 숫자가 소설이 된 최초의 사례라고 하는데 그걸 겪은 런던이 어떻게 됐습니까."

유년 시절 디포는 끔찍한 페스트를 경험했고, 도시가 하루 아침에 잿더미가 된 대화재를 겪어야 했다. 그 결과 디포와 이웃 두 집만 달랑 살아남게 됐다는 일화는 유명하다.

"그런 끔찍한 비극을 겪고서 런던 시민들은 목재 대신 돌과 벽돌로 도시를 재건하기 시작했어요. 콘크리트와 석조 건물이 등장하게 된 겁니다. 쥐가 더는 창궐하지 못하게 말이야. 그러니까 동양은 목조, 서양은 석조라는 개념이 흑사병 이후 생겨난 거지. 그 이전에는 동서양이 모두 목조에서 산 거여. 물론 판테온(Pantheon) 같은 로마 시대의 신전은 특별히 석조로 지어졌지만 개인 집들은 죄다 목조야."

　– 페스트를 겪으며 서구인들의 삶이, 삶의 형태가 달라진 거네요.

"이후 불타지 않는 벽돌집이 생겨났지. 쥐들이 갉아먹을 수 없는 돌과 벽돌이 등장한 겁니다. '위생(衛生)' 개념이 등장하고 현미경이 1676년 고안되면서 세균의 실체가 밝혀졌어.
　이후 예방의학이 등장해 탄저와 콜레라, 결핵의 원인이 박테리아라는 사실을 알게 되었어요. 역병이, 페스트가 미생물에 의해 일어났음을 그제야 알게 된 거야. 모든 질병에 대해, 다시 말해 소위 '과학'의 이름하에 위생이란 말이 생겨난 겁니다."

코로나19 바이러스와 메멘토 모리

　– '위생'이란 단어는 낯설지 않은 현대인의 필수 개념이 됐

어요.

 "위생이란 말은 그전에도 존재했지만, 근대화를 거치며 일본에서 위생이란 말이 나오고 한반도로 건너온 겁니다. 일제강점기 시절, 식민 통치를 할 때도 전부 '위생' 개념으로 통치했던 거죠.
 무력만으론 안 되는 거여. '살려줄게' 해야 통치할 수 있었어요. 어떤 폭군도 죽인다고만 해서는 통치가 안 돼. 다 도망가니까. '너희, 살려줄게' 해야 통치가 가능해요. 소위 푸코가 이야기하는 '생의 정치학'이지."

 ─ 위생이란 개념의 도입과 코로나19 방역도 비슷한 개념 같아요.

 "코로나19가 창궐하니까 '방역 독재'가 다시 등장한 거야. '너희 살려줄게!'라고. 전에는 '죽일게!' 하니까 저항하거나 망명했던 사람들이 '이제는 내 말 들어. 백신으로 살려줄게' 하니 순종하며 돌아와 스스로 노예가 되는 식이지."

 스승은 "런던 시민이 흑사병을, 죽음을 겪으며 위생 개념이 등장하고, 결국 종교개혁, 산업혁명으로 이어진 사실을 떠올려볼 필요가 있다"고 했다.

"유럽 장원에서 농사짓던 농부들이 죽으면 어떻게 되겠어? 땅이 아무리 많아도 농사를 지을 수 없으니 (농부의) 몸값이 올라갈 수밖에. 산업혁명기에 발생한 사회 문제 중에는 노동자들의 열악한 건강 문제도 있었어. 노동자의 수명이 비위생적인 전염병과 관련돼 있다는 현실을 발견하게 된 거지. 노동자들의 비참한 삶도 그제야 응시하게 되었어.

또 성직자에 의한 성경의 독점, 진리의 독점이 아니라 가내수공업, 중소상공업이 길드를 통해 협력하는 것과 같이 소수의 선(善)이 아닌 공동의 선을 추구하는 사회개혁, 종교개혁, 나아가 산업혁명으로 이어질 수 있었어요. 흑사병이 가져온 놀라운 변화들인 셈이지.

지금의 코로나19도 비슷해요. 죽음이라는 것이 바이러스, 질병을 통해 개개인의 마음속에 들어와 경험하게 되고, 직접 경험하지 않더라도 죽음이 자기 일로 비치기 시작한 것이죠. 죽음을 통해 황폐화된 개인을 응시하게 된 겁니다. 이 죽음이 우리 사회를 어떻게 변화시킬지 두고 볼 일이지."

– 지금까지 우리가 알던 그런 죽음이 아니더군요.

"메멘토 모리라는 말이 있잖아요. '자신의 죽음을 기억하라' 또는 '네가 죽을 것을 기억하라'를 뜻하는 라틴어 낱말이지. 우리는 낭만적인 메멘토 모리, 술 먹고 인생을 논하는 메멘토 모리쯤으로 죽음을 생각했잖아요.

이모털(immortal, 죽지 않는)한 존재는 하나님뿐이라는 사실을 망각한 거지. 하나님 이외의 존재는 다 죽어. 그게 원죄야. 이게 모털(mortal, 죽을 수밖에 없는 운명의)인 거지. 생명이라는 것은 다 죽어. 코로나19 바이러스를 통해 메멘토 모리를 다시 깨닫게 된 겁니다."

"이제야 죽음을 발견했지만 그건 경험에서 오는 죽음 이상의 것"

스승의 사유는 아담과 이브가 에덴동산에서 먹던 창세기의 선악과로 이어졌다. 코로나19 바이러스에 대한 창세기 비유였다.

"신은 인간에게 선악과를 따 먹지 말라 하셨습니다. 그러나 하나님 말씀을 어겼고 그 선악과로 말미암아 인간은 스스로를 알게 된 거지. 바보는 자기가 바보인지 몰라. 지혜가 있는 사람만이 자기가 바보라는 사실을 깨닫게 돼요. '나'와

'바보'를 분리하는, '바보 아닌 나는 누구야'라고 질문을 던지는 식입니다.

인간이 초월적인 존재가 아니어서 그렇지, 내가 나에게 계속 질문을 던져봐. 끝없이…… '자기 언급' 같은 질문을 계속 하다 보면 결국 신에 가까워지는 것이거든. 그걸 영성이라 하고, 의식이라고 하지.

결국 '자기 언급', 즉 '나는 바보야'라고 생각하는 게 선악과가 의미하는 지식의 열매인 거지. 그 열매가 미추(美醜)의 열매고 진선미(眞善美)고 의식주(衣食住)지."

– 네? 의식주요?

"지식이, 지혜가 바로 의식주여. 아담과 이브가 선악과를 따 먹는 게 식(食)이잖아. 선악과를 먹고 창피해서 무화과 잎으로 몸을 가렸어. 그게 의(衣)지. 그리고 하나님이 '너 어디 있느냐'고 물으시니 덤불 속에 숨었는데 그게 주(住)라고.

생각해봐요. 먹고, 입고, 숨으면서 인류의 의식주 걱정이 드디어 시작됐다고. 의식주 걱정이 바로 지식의 열매에서 나온 겁니다.

벌거벗은 자신과 마주하게 된 지식의 열매가 궁극적으로 보여준 것이 '죽음'이었지. 그게 페스트고 코로나19야. 코로나19를 통해 죽음의 실체와 대면하게 된 거야. 물론 죽음이라는 걸 이전에도 알고 있었지만 베일에 가려졌던 그 얼굴이, 코로나19가 창궐하면서 흉하고 무서운 얼굴로 도시 전체, 나라 전체, 지구 전체로 일시에 드러난 거야.

그게 팬데믹이야. 팬은 범(凡, 모두)이라는 뜻이고 데믹은 민(民)이야."

– 이 죽음은 단순히 경험으로서의 죽음, 감각으로 느끼는 죽음은 아닌 것 같아요.

"죽음이 뭔지 모르던 사람이 이제야 죽음을 발견했지만 그건 경험에서 오는 죽음 이상의 것이지. 하나님의 영(靈), 영성(靈性)에 가까워진 거야.

선악과로 '내가 바보'라는 사실을 깨닫듯이 소위 오성(悟性)이라는 어려운 철학 용어로 알려진 언더스탠딩(understanding), 죽음을 깨닫고 마주하게 된 거야.

센서빌리티(sensibility), 소위 감각(感覺)은 수동적이야. 감각대로라면 이 세상의 '개(犬)'는 하나도 같은 게 없어. 우리가 경험하는 개는 다 다르니까. 그러나 개를 하나의 개념으로 묶을 수 있는 것은 우리가 개를 언더스탠딩(이해)할 수 있기 때문이지."

- 죽음도 하나의 개념으로 이해할 수 있게 됐다는 말씀이지요.

"죽음…… 감각으로서의 죽음은 흉측해. 피 흘리는 모습을 떠올려봐. 죽은 시체를 보면서 절망하지. 시체를 보고 외면하고 싶은 마음이 드는 게 센서빌리티야. 여기에는 천 개의, 만 개의 죽음만 존재해. 그러나 '저게 죽음이지만 나의 죽음일 수 있다'는 콘셉트는 기존에 알던 죽음과 다른 것이지. 눈이 환해지는 거지. 경험만으론 안 돼. 육체만으로 안 돼. 이성을 통해 느낄 수 있어야 해."

죽음의 인식과 수학(數學)

- 철학자 베이컨은 '최고의 증거는 단연 경험'이라고 했는데, 경험론자는 결국 경험의 한계를 극복할 수 없었어요.

"수학이라는 학문을 생각해봐요. 수학은 배우지 않고 알 수 있나요? 절대 안 되거든. 숫자라는 것은 경험적인 게 아니거든. 우리는 경험을 통해 모든 것을 이해할 수 있다고 말하지. 그러나 아냐. 수학만 하더라도 경험과 언더스탠딩만으로는 안 돼. 이성의 힘을 가졌을 때만이 수식을 계산할 수 있고, 사칙연산을 할 수 있고, 대수와 기하학을 배울 수 있는 거야. 경험적인 게 아냐.

각 나라마다 문화와 가치관이 달라도, 종교가 달라도, 1+1=2, 2+2=4는 어디서든 통해요. 이성은 달나라에서도 통하고, 지구에서, 우주에서도 통해요. 인간이 없어도 통합니다.

(수학은) 인간 경험과는 아무 관련이 없어. 초등학교 선생님이 수학을 경험으로 가르치려 하는데 잘못된 거여. 선생님이 이런 질문을 아이들에게 던져. '사과 5개 중에서 3개를 먹으면 얼마나 남았어?'라고. 아이가 '3개 남았다'고 답해. 선생님이 짜증을 내며 '아니, 2개 남았지 왜 3개야?' 하고 되물어. 아이가 태연하게 이렇게 말해. '우리 엄마가 그러시는데 먹는 게 남는 거래요'라고. (하하하)

수학은 경험만으로 답을 찾을 수 없어. 이성이라야 풀 수 있어.

고대 이집트의 수학 지식을 적어놓은 두루마리인 '린드 파피루스'에 낙타 이야기가 나오는데 아주 흥미로워요. 아버지가 자식 셋에게 낙타 17마리를 나눠 가지라는 유언을 남겼습니다.

'장남에게 전체 낙타의 2분의 1, 차남에게 3분의 1, 막내에게 9분의 1을 가지라'고 한 거지.

삼형제가 머리를 싸맸어. 아버지 유언대로라면 장남은 17마리의 2분의 1인 8.5마리, 차남은 17마리의 3분의 1인 5.666……마리, 막내는 17마리의 9분의 1인 1.888……마리를 가지게 되는 셈이야. 그런데 온전한 낙타를 죽여서 나눌 수 없으니, 형제들은 답답했어요.

이때, 지나가던 노인이 그 모습을 보고 이렇게 말했어요. '내 낙타를 한 마리 빌려줄 테니 다시 한번 나눠보는 게 어떻겠소?'라고.

삼형제는 갸우뚱하면서 낙타 18마리를 기준으로 다시 계산을 했더니 놀라운 일이 벌어졌어.

장남은 낙타 18마리의 2분의 1인 9마리, 차남은 18마리의 3분의 1인 6마리, 셋째는 18마리의 9분의 1인 2마리를 가지게 된 거야. 게다가 형제들이 낙타를 다 나누고도 신기하게 노인의 낙타 한 마리가 남았어."

- 와! 신기하네요. 가공의 숫자를 넣으니 정확하게 9+6+2+1이 될 수 있다니…….

"수학이라는 게 인간 경험과 관계없는 숫자적 질서, 이성적 질서를 가지고 있다는 얘기지.

복잡하게 이야기했지만 우리가 코로나19를 통해 감각으로만 느끼던 죽음, 일상적 경험만으로 알 수 없던 죽음을, 이제야 이성을 통해 만나고 알게 된 거지.

코로나19 현상은 이성을 통해 내다보는 '메타언어'라는 사실에 주목해야 합니다. 경험적 지식을 인간을 초월한 이성적 질서로 바라보게 된 것이지. 감성만으로 이해할 수 없는 실체를 언더스탠딩하게 된 거지."

"완벽한 죽음의 모든 요소를 가진 죽음"

– 역설적인 발견이네요.

"인류가 절대 선을, 초월적인 것을 못 느꼈는데 이 포스트 코로나로 인해 경험을 떠난 초월적 상태로서 우리 자신을 볼 수 있게 된 겁니다. 저 아프리카든, 서양이든, 동양이든 인류가 다 함께 경험할 수 있는 호모 사피엔스의 역사로서 코로나19를 똑같이 경험하게 됐다는 거야. 놀라운 역설이지."

– 포스트 코로나에서 죽음의 문제를 새롭게 직시하게 된 거네요.

"그동안 죽음은 개별적인 죽음에 불과했어요. 그러나 영국 철학자 로스(Ross)의 말처럼 한 개인의 결단은 결코 외로운 섬이 아니었어요. 이병철씨가 소위 재벌로서 빈틈없이 살아 오다가 죽음에 직면하면서 스물네 가지 질문에 부딪힌 것과 같아요. 코로나19는 개별의 죽음이 아니라 우리 인류의 죽음 이거든. 이병철 회장이 죽음에 직면하면서 이성의 세계, 초월 의 세계에 들어갔듯이 말이죠. 스물네 가지 질문을 포스트 코 로나에서 재벌이든 가난한 자든 다 할 수 있게 된 것입니다.

나도 암을 통해 죽음을 마주하고 있었지만 추상적인 것에 불과했어요. 하지만 코로나19를 겪으면서 죽음은 그냥 죽음 이 아니었어요. 겉으로 보기에 단절(isolation)의 죽음, 격리된 죽음이었어요. 사람을 만날 수 없는 죽음이죠. 친척도 못 만 나. 죽어도 장례식을 못 해. 포로수용소나 아우슈비츠 수용 소에 들어가는 것과 같은 경험을 하게 됩니다.

더 절박해지고 더 불안해졌어요. 옆에서 눈물 흘려줄 사람 도 없이 그냥 죽습니다. 상징적으로 보면 거의 완벽한 죽음 의 모든 요소를 가지고 있어."

– 포스트 코로나는 스스로 결단하고 성찰하는 인간의 진정 한 모습을 발견할 수 있게 만들었어요.

"페스트를 겪으며 무신론이 나왔지만 거꾸로 더 기독교적인 게 나왔다는 점을 생각해야 합니다. 포스트 코로나에서는 교회에 갈 수 없고 교회가 병균의 온상지처럼 비칩니다. 결과적으로 포스트 코로나 이후 기독교가 타격을 받는 것처럼 비칠 수 있지만 그렇기 때문에 기독교가 새롭게 보이고, 소위 '얼굴이 드러났다', 민낯을 볼 수 있게 되었어요.

영어의 페르소나(persona), 즉 '숨어 있는 얼굴'과 만나게 된 겁니다. '어, 저 사람 안면 바꾸네!' '어, 저 사람 자기의 숨겨져 있던 얼굴을 드러냈네!' 자기 안에 숨겨져 있는 인격이 어느 순간 드러나는 거지요. 골프 치면 그 사람을 안다고 하잖아요. 보통 때 착한 사람인 줄 알았는데 골프 치면 막 속이고…… 운전을 하면 자기 성격이 드러난다고 하듯이 자기 얼굴을 드러내는 것이죠. 숨어 있는 제 모습이, 감춰져 있는 제 얼굴이 드러나는 게 바로 '품격(品格)'입니다.

코로나19 바이러스를 통해 예수님의 얼굴이 드러난 거야. 보통 때 볼 수 없던 교회의 모습이, 인간의 모습이, 하나님의 모습이 드러난 겁니다. 에마뉘엘 레비나스(Emmanuel Levinas, 1906~1995)가 말하는 소위 '얼굴'이 드러나 보이는 겁니다."

이 대목에서 선생은 니콜라이 레스코프(Nikolai Semyonovich Leskov, 1831~1895)의 중편소설 『땅끝에서』(1876)를 길게 이야기했다. 이 소설은 러시아 정교회의 대주교가 시베리아 원주민과 겪었던 사건을 회고 형식으로 들려주는 이야기다.

누가 예수님의 얼굴을 보았는가

"어느 도시의 수도원장 객실에서 저명한 인사들이 모여 예수님 얼굴이 어떻게 생겼는가를 두고 격론이 벌어졌어요. 원장인 대주교가 자신이 젊은 사제 시절 '예수님 얼굴'을 본 기억을 떠올리면서 소설이 시작됩니다.

우리는 여기에서 이성으로는 절대로 접할 수 없는 '예수님 얼굴'을 스토리텔링으로 만나게 됩니다. 어때요? 궁금하지 않아요? 그가 본 '예수님 얼굴' 말이에요."

일부러 뜸을 들이던 스승의 이야기는 오늘 나눈 우리 대화의 큰 마침표와 같은 것이었다.

"그러니까 대주교의 열혈 청년 시절 그는, 시베리아 오지를 지망하여 이교도인 야쿠트인들이 사는 시베리아 변방의 수도원장으로 가게 된 거지. '저 미개한 교구', 그러니까 러시아 변방, 죄수들이나 샤먼을 믿는 이교도 원주민이 사는 시베리아 벌판에 도착한 거야.

사명감을 갖고 뛰어든 것인데 그가 마주한 현장은 엉망진창이었어. 엉터리야. 교리가 뭔지, 기도드리는 법도 몰라. 성경도 제대로 읽을 줄도 모르는 반(半)문맹자에다가 이교도를 보드카로 개종시키는 선교를 하는 거야. 하나에서 열까지 교리에 어긋난 일들을 하고 있었던 것이지요.

무엇보다 수도원 내 암자에서 생활하던 '유로비지뷔'의 키리아크라는 수도사의 행각에 대해 젊은 사제는 요즘 시쳇말로 '왕 뚜껑'이 열린 거야. '유로비지뷔'를 '성우(聖愚)'라고 번역하는데, 문자 그대로 '바보 미치광이'같이 생활하면서 자신의 삶을 신에게 바치려 고행을 자처하는 자야. 중세 러시아에서 유행하여 많은 성인을 배출한 것으로 알려져 있어요.

이 열혈 수도원장과 성격이 180도 다른 '성우' 한 사람을 외나무다리에서 만난 셈이지. 그런데 이곳 사람들은 이교도와 잘 소통하는 '성스러운 바보' 수도사와 더 가까워요.

어느 날 두 사람이 시베리아의 이교도 마을에 선교하러 가게 됐어요. 혹한의 시베리아 설원 한복판에서 조난을 당하게 되었어요. 한심한 바보 수도사, 게다가 들짐승 같은 냄새를 풍기는 공포의 이교도 개썰매꾼과 함께 말이지. 이 개썰매꾼에게서 순록 가죽의 악취와 말린 생선의 썩은 냄새, 사람의 땀 냄새 등 온갖 것이 섞인 냄새가 나.

그런데 고립무원 상태에서 절체절명의 위기를 맞는 순간, 놀라운 일이 벌어져요. 이 두 사람이 '잘난' 수도원장을 구하기 위하여 눈보라 속에 몸을 던진 거지. 이야기를 하자면 너무 길어 결론만 서둘러 말할게요.

결국 그 '유로비지뷔'의 미치광이 수도사는 젊은 수도원장을 살리기 위해 설원의 한 움막집을 발견하고 끝내는 그곳에서 숨을 거두게 돼. 그때 수도원장이 죽은 수도사의 얼굴을 보고 깜짝 놀라. 미소를 띤 평화롭고 온화한 얼굴, 바로 '예수님의 얼굴'이었던 것이지."

– 평소에 알던 미치광이 바보 얼굴이 아니었군요. 이 세상에서는 볼 수 없는 전혀 다른 얼굴을 본 것이군요.

"그래요. 그랬지요. 그것을 러시아 말로 '리치노스트'라고 해요. 고어(古語)로 거슬러 올라가면 '얼굴을 드러낸다'는 말입니다. 숨어 있던 '페르소나', 자신도 모르는 영혼의 깊은 바닥에서 드러나는 영원한 생명의 얼굴을 뜻합니다."

아우슈비츠 수용소에서 만난 예수님의 미소

– 놀랍네요. 바보 같은 수도사가, 이교도인 원주민이 더 예수님의 얼굴과 닮았다는 사실이 말이죠.

"경전을 모르는 바보 같은 사제, 이교도를 차별하지 않는 멍청한 사제가, 오히려 똑똑하고 교회 예절과 경전에 능통한 사제보다 더 예수님다운 얼굴을 가지고 있는 거지. 바로 키리아크 수도사의 죽음을 통해 알게 된 거야. 남의 목숨을 위해 설원을 묵묵히 걸어가는 개썰매꾼 모습에서 말이지.

그 두 사람의 모습에서 진정한 선과 본질적인 종교적 심성을 발견하게 된 겁니다. 예수님의 얼굴이 그때 나타난 것이죠. 생각해보라고요. 어쩌면 『죽음의 수용소』를 쓴 빅터 프랭클 박사가 아우슈비츠 수용소에서 예수님의 미소를 발견할 수 있었을 테고, 코로나19로 격리된 공간에서 외롭게 죽어갈 때 아마 예수님 얼굴을 볼 수 있을 거야."

– 어쩌면 코로나19가 은총일 수도 있겠네요.

"늘 바쁜 일상 속에서 살다가 처음 '격리'를 경험하는 거야. 넘쳐나는 시간과 마주하는 거지. 그런데 그 시간이 고문과 같은 시간이야. 숨어 있던 선한 예수님 얼굴을 찾은 사람이 있는가 하면 그렇지 않은 사람도 있어. 코로나19가 누구에게는 은총, 누구에게는 고통인 거지."

– 코로나19를 통해 우리의 모습을 직시하자는 말씀이지요.

"마스크를 보라고. 마스크는 나를 병균에서 보호하지만 다른 이에게 병균을 안 옮기는 이타적인 역할도 하고 있잖아요. 마스크를 쓰면서 내 얼굴이 감춰지는 게 아니라 드러나 보여. 그게 페르소나야. 가면을 쓰면서 내 성격이 드러나는 거야. 가면무도회가 바로 그거라고.

나는 제자들이 많은데 걔네가 그렇게 아름다운 눈을 가지고 있는지 요즘에야 알게 됐어요. 일흔이 된 늙은 제자들이 마스크를 쓰고 나를 찾아왔어요. 마스크를 쓰고 있으니 주름이 하나도 안 보여. 하하하. 눈만 보이는데, 와…… 눈이 저렇게 아름답구나. 마스크로 얼굴을 가리게 되니, 새롭게, 그동안 보지 못했던 눈을 보게 된 것입니다. 그제야 참된 얼굴이 드러나는 겁니다."

4

스물네 개의 질문을 마치고

이병철 회장이 남긴 스물네 가지 질문을 끝마친 다음 이어령 선생과 기자는 영성에 관한 깊은 이야기를 나눌 수 있었다. 선생은 "기적이 있느냐"는 질문에 이렇게 답했다.

"신(神)의 기적 속에 살고 있는데 뭘 기적을 더 믿어요?"

자신의 삶을 '기적'이라고 표현한 것이다.

"신이 없다고 신을 원망해도, 그렇게 말할 수 있는 것은 하나님의 기적이야. 살아 있으니까 신이 없다고 말할 수 있지. 병들어 죽으면 어떻게 신이 없다고 말할 수 있어? 니체가 말한 '신이 죽었다(Gott ist tot)'는 말도 신의 은총이야, 역설 같지만."

선생은 이런 말도 했다.

"사람들이 자꾸 지옥이 있느냐 없느냐를 묻는데 우리가 사는 이 세상이 지옥이지 무슨 지옥이 따로 있겠어요?"

지옥 같은 현실을 딛고 서 있는 '나'와 '우리'의 생(生)이 바로 기적이라는 말이었다.

선생은 또 릴케의 「두비노의 비가(悲歌)」처럼 하나님과 대화를 나눈다고 고백했다. 육체적 고통과 불행을 겪고 있지만, "'그럼에도 불구하고' 믿는 종교가 진짜 종교"라고 말했다.

"예수님께서 '나를 따르라'고 하셨는데 뭘 따르라는 겁니까. 당신이 당하신 고통을 따르라는 겁니다. 많은 사람이 예수님을 따르면 꽃방석에 앉는 것처럼 생각해요.

(꽃방석은) 죽고 나서 얘기죠. 죄 많은 현세(現世)에서 예수님의 열두 사도들도, 유다는 물론이고 모두 비참하게 죽었어요."

릴케의 「두비노의 비가」처럼……

– 기도는 얼마나 자주 하십니까.

"성경을 읽는다든지 가까운 목사님이 오실 때 함께 기도는 하지만 보통 사람들의 기도와는 달라요.

또 특별히 청원 기도는 안 합니다. 다만 내가 어떤 고난을 느끼거나 어려움을 느끼는 순간, 예수님 부활 이전의 십자가 고난을 생각합니다. '내가 이런데 그분은 어땠을까?' 하고 말이죠. '죄 많은 인간도 슬프고 절망적인데, 예수님처럼 아무 죄 없으신 분이 저런 오해를 받고, 저런 모욕을 당했을 때 어땠을까' 하고 말입니다. 쉽게 말하자면 릴케의 「두비노의 비가」처럼 하나님(예수님)과 대화를 나눈다고 할까요?

때로 예수님의 수난을 생각하면서 나는 그저 십자가를 든 그분의 옷자락을 잡아주는 사람, 비록 가진 힘은 없으나 그분이 진 십자가 무게를 덜어주는 역할을 하고자 합니다.

성경에 보면 예수님이 십자가에 매달리셨을 때 두 명의 도둑이 등장합니다. 한 명은 '당신이 하나님의 아들이라면 왜 구하지 않느냐'고 따지지만 다른 한 명은 '당신의 왕국에 가시거든 저를 기억하여 주십시오'라고 했지요. 그 도둑처럼 '당신은 우리처럼 죄인이 아닌데도 이렇게 매달려 고통을 당하시지만, 그리고 비록 나처럼 힘이 없으시지만, 나를 도우실 수 있으리라는 믿음……' 그 믿음이 내게 기도의 양식으로 나타난다고 할까요? 그런 의미에서 보통 사람의 기도와는 다른 것이지요."

– 기도는 그때그때 다릅니까. 좋아하시는 기도문이 있으시

다면 추천해주세요.

"잘 외는 기도문이라면…… 주기도문을 외는데, '하늘에 계신 우리 아버지, 아버지 이름을 거룩히 하옵시며……' 하고 외워요. 때로 명상을 하다가 잡념이 들거나 다른 생각이 들 때 주기도문을 외웁니다.

몸에 진통이 올 때도 웁니다. 이 기도는 아주 어렸을 때 외워서 요즘의 주기도문과는 달라요. 옛날 기도문이 입에 착 달라붙었다고 해야 할까? 그리스어나 히브리어를 직역한 것보다 옛날 선교사들이 번역한, 조금 의미가 다르더라도, 그 말씀이 느끼기 쉽고 장중한 투가 느껴져 마치 라틴어로 기도드리는 느낌이랄까, 그래요.

너무 (기도문이) 뻔하면 안 돼요. 모르는 게 있어야지. 수학책을 읽듯이 뻔하면 종교라고 할 수 없어요. 모르니까 종교지."

– 그래도 신께 청원을 드리는 게 있으시지요?

"어렸을 때 밖에서 놀다가 넘어져 무릎에 피가 나면 '엄마~' 하고 달려가 어머니 치마폭에 매달렸잖아요. 그 치마폭이 모성이자 모태입니다. 그리스도교를 믿기 전부터 쭉 이어져온 것이니까요.

지금도 급한 일이 있으면, 아이가 엄마를 찾듯 '엄마……!'
하고 구제를 청하죠. 돌아가신 우리 엄마에게. 이런 내 모습
을 보고 '그 엄마는 가톨릭에서 말하는 성모 마리아'라고 해
도 틀린 말이 아닐 것 같아요.

　가톨릭 기도를 보면, 하나님께 바로 기도하지 않고 마리아
나 예수님과 비교적 가까운 분을 통해 기도드리잖아요. 이를
가톨릭 용어로 '전구(轉求)한다'라고 해요."

　— 가톨릭에선 성모 마리아와 성인(聖人)을 통해 은혜를 구
하지요.

"그렇지요. 너무 멀면 실감이 안 나니까 그래요. 내가 어렸
을 때부터 기도했던, 나를 늘 보호해주신다고 생각한 분이
엄마죠. 누가 '그건 미신이 아니냐. 우상 아니냐'고 하면 나
는 아니라고 생각해요.

　어머니에 대한 사랑…… 생명을 주신 어머니와 나를 한없
이 끌어안은 메타포는, 아버지와 다릅니다. 다르기에 '아버지
하나님'이 아니라, '어머님을 통한 아버지 하나님……', 어머
니의 사랑의 배경에는 늘 아버지가 계시니까요. 직접 아버지
로 가는 게 아니라 어머니를 통해 아버지를 느끼는 거예요."

수태고지(受胎告知)처럼 태교, 태몽하는 한국 어머니

- 지금 교회는 나가십니까.

"세례 받을 때 교회에 자주 못 나간다고 목사님께 말씀을 드렸어요. 교회 장로가 되어 차량 봉사를 하는 것보다 다른 일로……, 예를 들어 신앙의 글을 쓰거나 지금처럼 기자와 대담하며, 혹은 간증과 교회 행사, 기독교 방송에 출연하는 일로 교회 일을 대신한다고 할까요?

성경에 마리아와 마르타 자매 이야기가 나옵니다. 예수님이 그녀의 집에 들렀을 때 마르타는 예수님을 대접하기 위해 분주히 움직이지만, 마리아는 예수님 곁에 머물렀어요. 언니 마르타가 속상해하자, 예수님은 이렇게 말씀하셨어요.

'마르타야, 마르타야, 너는 많은 일을 염려하고 걱정하는구나. 마리아는 좋은 몫을 선택했구나.'

나는 마르타가 될 수 없을 것 같아요. 마르타처럼 하나님을 섬기려 요리하고 밥을 짓기보다 예수님 말씀을 듣고 그분을 섬기는, 마리아가 하나님을 믿는 방법이랄까요? 어느 방법이 더 낫다고 할 수는 없을 겁니다.

그러나 교회에 안 나가는 것은 아닙니다. 집 가까이 있는 교회와 사랑교회, 온누리교회에 가끔 나가요. 딸이 살아 있을 때는 함께 교회에 나갔어요. 지금은 둘째가 착실한 신자여서 집에 오면 식구들과 같이 갑니다."

– 많은 사람이 어린아이다운 마음으로 기도할 수 있겠지만, 어린아이다움이 사라진 사람도 있습니다. 하나님과 이야기하는 법을 가르쳐주세요.

"기독교는 '말씀'의 교회지요. 그 '말씀'으로 복음을 선포하지요. 그런데 말을 못 하는 아이들은 어떻게 해요? 갓난아이는요?

가만히 생각해보세요. 어린이 마음이란 게 이런 마음 아니겠어요? '엄마 없으면 아무것도 할 수 없어!' 갓난아이를 보세요. 스스로 똥오줌도 못 가려요. 엄마 없으면 칭얼대다 굶어 죽어요. 100% 의존하는 거예요.

엄마의 태내에 있으면 모든 걸 해결할 수 있어요. 저절로 영양분이 나오고 엄마의 심장에서 산소와 혈액, 호르몬이 나오죠. 아이가 태내에서 어머니, 아버지의 존재를 어떻게 알겠어요? 모르죠. 모르는데 달이 차면 어떻게 세상에 나오겠어요?

우주의 힘이죠. 그러니 신을 안 믿을 수 없다는 거예요. 누가 태내 아이를 10개월간 키웁니까. 누가 때가 되면 아이를 세상 밖으로 나오게 합니까. 옛날이야기로 치면 삼신할머니 죠. 어머니, 아버지가 한 게 아니에요.

그런데 한국인의 어머니는 세계의 다른 나라 어머니와 달라요. 태교(胎敎)라는 걸 하거든요. 그리고 태몽(胎夢)까지 해요. 한마디로 수태고지입니다. 마리아가 성령으로 잉태했음을 천사 가브리엘이 마리아에게 알렸듯이, 아이가 태어날 때 한국인 어머니에게 태몽은 필수죠. 신의 영역인 대자연 속에 비집고 들어가 태내 아이에게 뭔가 영향을 미치려고 한 이가 우리 어머니들입니다.

서구에서는 아이가 세례를 받기 전까지 인간 취급을 안 했어요. 교회(기독교)나 루소 같은 몇몇 낭만주의자를 제외하고는 그림을 그릴 때도 어린아이 몸에 어른 얼굴을 그려 넣었으니까요. 서양에서 '어린아이'라는 개념이 처음 생긴 게 18세기입니다.

거듭 말하지만, 어린아이는 어머니를 100% 의존하지요. 어쩌면 하나님을 믿는 일을, 어머니 배 속에 10개월 가까이 있었을 때만큼 믿는다면 정말 믿음이 강할 겁니다. 그런데 이 아이도 나이를 먹으면 '이제 엄마가 없어도 돼! 나 혼자 할 수 있어!'라고 외치죠. 여기서부터 하나님과 멀어지는 거예요. 어른이 어린아이 마음으로 기도하는 게 어렵습니다. 그래서 예수님께서 이렇게 말씀하셨죠.

'내가 진실로 너희에게 이르노니 누구든지 하나님의 나라를 어린아이와 같이 받아들이지 않는 자는 결단코 거기 들어가지 못하리라 하시니라.'"

– 몸소 겪은 위대한 신앙의 체험에 대해 말씀해주세요.

"어쩌면 내게 닥친 불행들은 '욥의 체험'일지도 몰라요. 예수님을 믿었더니 어디서 돈이 들어오고 병이 낫는 체험이 아니라, 거꾸로 멀쩡하던 사람이 암에 걸리고, 아무런 이유 없이 손자가 코마 상태에 빠지며, 딸아이가 세상을 떠나는 그런 체험을 한 거지.

나는 그게 제대로 된 종교 체험이라고 봐요. 내가 예수님을 믿어 건강해지고, 일도 잘되고 그랬으면 그건 종교 체험이 아닐지 몰라. 그랬다면 세속적 의미에서 하나님을 거래의 수단으로 삼으려 했을지 몰라요. '그럼에도 불구하고' 믿는 종교가 진짜 종교지요.

성경 보세요. 예수님을 믿는다는 것은 가난, 고통, 슬픔, 애통함과 만나는 일이고 그래야 예수님을 만난다고 적혀 있어요. 욥의 체험이 예수님의 체험입니다. 예수님 일생을 보세요. 그분처럼 처절한 경우가 또 없어요. 예수님께서 '나를 따르라'고 하셨는데 뭘 따르라는 겁니까. 당신이 당하신 고통을 따르라는 겁니다. 많은 사람이 예수님을 따르면 꽃방석에 앉는 것처럼 생각해요.

(꽃방석은) 죽고 나서 얘기죠. 죄 많은 현세에서 예수님의 열두 사도들도, 유다는 물론이고 모두 비참하게 죽었어요. 한 사람도 편안히 떠난 이가 없어요. 하물며 열두 사도조차 말로(末路)가 그런데 나야, 뭐…… 정말 하나님을 믿고 하나님 선택을 받았다는 것은 열두 사도처럼, 십자기에 거꾸로 매달려 죽거나 가죽이 벗겨져 죽는…… 그런 고통이 아니겠어요?

사람들은 이렇게 묻죠. '유대인이 아우슈비츠 가스실에서 죽어갈 때 하나님이 어디에 있었냐'고요. 나는 말할 수 있어요. 바로 그때 신이 나타난 거라고. 아우슈비츠만큼 인간이 처절하게 죽어간 역사가 있나요? 아마 없을 겁니다.

그런데 빅터 프랭클 박사는 아우슈비츠의 죽어가는 고통 속에서 신을 만났다고 합니다. 그는 극한상황을 체험하면서 그 고통 속에 자기 밥그릇을 양보하고, 희망을 잃지 않는 사람에게서 신을 보았다는 거예요.

하나님이 보통 때 나타나시나요? 안 나타나시죠. 가까운 동료들이 죽고, 내일이면 내가 죽어야 하는데, 그 목전의 죽음에서 서로 사랑하고 희망을 얘기하는 마음속에 신이 있었던 겁니다. 다시 말해 고난의 순간에 신이 나타나십니다. 기독교를 믿는 한국인이 많은 것은 어쩌면 동족에게 총을 겨눈 6·25 참상을 겪었기 때문인지 몰라요.

피란 열차의 지붕에서 졸던 어머니가 품 안 아이를 열차에서 떨어뜨리는 체험을 하면서…… 기관총이 쏟아질 때 엄마가 자신도 모르게 품에 안은 갓난아이를 방패막이로 삼는, 그 처절함 속에 하나님이 나타나시는 겁니다.

찬송가와 캐럴을 부르고 가족이 둘러앉아 칠면조 고기를 먹는 추수감사절의 평안함 속에 하나님이 계시는 게 아니에요. 덴마크 작가 한스 안데르센의 동화 『성냥팔이 소녀』처럼 얼어 죽은 소녀한테 신이 나타난 겁니다. 긴 밤 혹독한 추위가 지나고 아침이 밝았을 때 소녀의 몸은 싸늘하게 식었죠. 사람들이 소녀의 시체를 치우는데 이상한 점을 발견했어요. 성냥팔이 소녀가 행복한 미소를 짓고 있었던 거죠. 소녀가 어떤 아름다운 것을 보았는지 그 미소의 의미를 아는 이가 한 명도 없어요.

도스토옙스키의 『카라마조프가의 형제들』에 예수님이 등장합니다. 소설 배경인 16세기 스페인 세빌리아의 한 광장에 나타나신 것이죠. 고관들과 시민들이 지켜보는 가운데 대심문관인 추기경이 '하나님의 영광을 위하여' 100명에 가까운 이단자를 마녀사냥으로 화형에 처하려 할 때 예수님이 나타나신 겁니다. 그 모습을 보려고 사람들이 모여들지만 대심문관이 예수님을 체포합니다. 그리고 한밤중에 대심문관 혼자 예수님을 찾아가 이렇게 말해요. '왜 당신이 여기에 나타나십니까. 우리가 몰라서 이 짓을 하는 줄 아십니까. 이렇게 무서움과 공포 속에서 몇백 년, 몇천 년을 기다려왔는데 왜 지금 와서 나타나셨습니까' 하고 말이죠.

어쩌면 밤새 LED로 빛나는 십자가가 있었기에 교부(敎父)들이 쓴 두꺼운 성경이 아니라 컴퓨터로 볼 수 있는 성경을 읽으며, 복음을 전하는 각종 매스미디어가 있었기에 그나마 여기까지 그런 기술과 시스템을 빌려 인류의 역사가 여기까지 진행된 것입니다. 죄 많은 이가 살아가는 실낙원 속에 교회가 유지되는 이유가 여기에 있어요.

가끔 생각해봅니다. 예수님이 얼마나 외로우실까 하고요. 2000년이 지났는데도 엉뚱한 예수님을 찾고 '살려달라, 살려달라'고 외치니, 진짜 예수님은 얼마나 답답하겠어요. 이미 돌아가셨는데 〈쿼바디스〉처럼 또 돌아가셔야 하잖아요."

예수님이 얼마나 외로우실까……

– 기적을 믿으십니까.

"우리가 지금 기적 속에 살고 있어요. 인간이 태어나기 위해선 2억 내지 3억 개의 정자가 하나의 난자와 결합하기 위해 수많은 난관을 거쳐야 합니다. 실력이 없어도 운이 좋으면 난자와 결합하는 거야. 실력대로만 되는 게 아니에요. 이 세상에 아이가 태어나는 게 바로 기적이지.

자꾸 기적, 기적 하는데 하늘에 두둥실 떠 있는 달나라에 가봐요. 풀 한 포기, 꽃 한 송이도 없어요. 지금 여기 내가 숨 쉬는 지구가 기적이지, 딴 기적이 있어요?

난 미라클(기적) 이야기하는 사람을 안 믿어요. 이미 신의 기적 속에 살고 있는데 뭘 기적을 더 믿어요? 오늘 하루 살아서, 특히 나처럼 병을 앓는 사람은 '아침 해가 또 뜨는구나' 하고 감사해하지요. 내가 어제 죽었으면 절대 (이 태양을) 못 봐. 이게 기적이죠.

하루를 내 힘으로 어떻게 살아? 어렸을 땐 어머니, 아버지 힘으로 살았지. 그다음엔 하나님 아버지, 어머니 힘으로 산다는 게 정답 아니에요?

은총을 받았으니 오늘 살아서 기자 양반과 만나 이런 이야기를 나누고…… 신이 없다고 신을 원망해도 그렇게 말할 수 있는 것은 하나님의 기적이야. 살아 있으니까 신이 없다고 말할 수 있지. 병들어 죽으면 어떻게 신이 없다고 말할 수 있어? 니체가 말한 '신이 죽었다'는 말도 신의 은총이야. 역설 같지만."

– 어린아이들이 '하나님은 어떻게 생기셨어요?'라고 물으면 어떻게 답하면 좋겠습니까.

"나는 아이들이 '하나님은 어떻게 생기셨어요?' 하고 물을 때 그 아이는 어렴풋하게나마 하나님을 만났을 것 같아요. 자기 마음속에 신을 이미 가지고 있는 것이죠. 그게 어른이 가르쳐주는 모습보다 정답일 거예요.

그 모습이 설령 아이가 좋아하는 토끼라든지, 매일 품고 자는 인형이라고 해도 말이죠. 혹은 아이가 과자를 제일 좋아한다면 과자가 바로 하나님일 거야. 아이가 경험했던 제일 좋은 것이 하나님과 닮았으리라 생각하지 않았을까요?

그게 어른이 '하나님은 이렇게 생기셨어'라고 말하는 것보다 정답일 것 같아요. 내가 어렸을 때도 약간 그랬던 것 같아.

다시 처음 질문으로 돌아가 '하나님은 어떻게 생기셨어?'라고 아이가 질문할 때 아이는 진짜 몰라서 한 질문일 수 있지만, 마음속엔 뭔가 희미하지만 답이 있었던 거죠. 그 증거로, 어른이 아이의 질문에 엉뚱한 답을 하면 아이는 '에이, 아닌데요'라고 하잖아요. 자기 마음속에 답이 있었기에 어른 답이 마음에 안 차니까 그런 거지요. 아이가 정말 모른다면 어른의 답이 틀리다는 걸 어떻게 알아요?

우스갯소리로 지금의 하나님은 대개 일정해요. 달러로 그려진 하나님…… 천국에는 온통 다이아몬드와 루비로 가득한…… 그게 인간이 생각하는 천국일지 몰라도 천국에 무슨 보석이 필요하겠어요? 하하하."

채워지지 않는 '갈증'과 만족을 모르는 '허기'

– 천국과 지옥이 있다고 믿으십니까.

"사람들이 자꾸 지옥이 있느냐 없느냐를 묻는데 우리가 사는 이 세상이 지옥이지 무슨 지옥이 따로 있겠어요?

인간처럼 모순된 존재가 없고 불타는 욕망으로 가득 차서 자기네들끼리 막 싸우고…… 이게 지옥의 모습이죠. 완전한 불구덩이 속에 있다면 무슨 아픔이 있겠어요.

유황불이 타고 바늘에 찔리는 형벌, 그건 육체적으로 느끼는 고통입니다. 참 웃기는 게 왜 지옥을 감각적으로 그려요? 감각 자체가 악인데. 불로 지지는…… 유황불의 고통은 육체의 아픔 아닌가요? 이미 육체가 죽었는데 무슨 아픔이 있어요? 아픔을 느끼면 죽은 게 아니에요. 뜨거운 것을 느끼면 죽은 것이 아니라니까. 어떤 고통스러운 질병으로 어떤 아이가 세상을 떠나니까, 엄마가 아이 몸을 부여잡고 이렇게 말해요. '얼른 일어나. 어제처럼 아프다고 말해!'라고요.

혹…… 연옥이 있기에 지옥이 있는 것은 아닐까요? 내가 생각할 때 제일 나쁜 곳이 연옥이야. 천국도 심심하고, 지옥도 심심하고…… 연옥은 지옥과 천국의 중간에 있기에 가장 고통스럽단 말이에요. 미결수가 사는 지상이 지옥인 거야. 기결수…… 사형수든 뭐든, 일단 형벌이 확정되면 괜찮아. 미결수는 아직 심판을 받는 도중이고 풀려날지 모른다는 가능성이 있으면서 감옥에 있는 사람…… 그곳이 지옥인 거지.

'넌 감옥에서 평생 못 나온다'고 하면 그 감옥은 감옥이 아니죠. 이미 결정된 것이니까. 내일 나올 수 있을지 모른다는 희망을 가지면서 옥살이를 하는 그곳이 지옥인 거죠.

사실, 고통 없이 빨리 죽는 게 좋잖아요. 그런데 고통을 앓으면서도 죽지 않으려 산소마스크를 쓰잖아요. 그래서 알베르 카뮈 같은 철학자가 기막힌 말을 했어요. 부조리(不條理)한 삶!

'시시포스'는 온 힘을 다해 바위를 꼭대기까지 밀어 올립니다. 그러나 바로 그 순간 바위는 굴러떨어져요. 시시포스는 다시 바위를 밀어 올려야만 했죠. 왜냐하면 '하데스'가 '바위가 늘 그 꼭대기에 있게 하라'고 명령했기 때문이야. 시시포스는 '하늘이 없는 공간, 측량할 길 없는 시간'과 싸우면서 영원히 바위를 밀어 올려야만 했지요. 다시 굴러떨어질 것을 뻔히 알면서, 바위를 밀어 올려야 하는 영겁의 형벌! 무의미한 것을 되풀이하는 고통, 그 이상의 것은 없어요. 유황불이 들끓는 아비규환 속에서 어떻게든 살아보려고 언덕을 막 오르려 하는 건, 희망이 있는 거지. 희망이 없더라도 해보는 거야.

'너, 바위를 산꼭대기에 올려놓으면 살아'라고 하면 아무리 무거운 노동을 해도 괜찮은 거지. 일평생 중노동을 해도 괜찮은 거야. 그런데 희망 없이 굴러떨어질지 알면서 바위를 굴리는 부조리한 것보다 더한 고통은 없어요.

인류 역사에 많은 화가들이 지옥 모습을 형상화했는데, 내가 볼 때, 밑 빠진 독에 물 붓기 형벌만큼 고통스러운 게 없어요. 무간지옥(無間地獄)보다 더해. 펄펄 끓는 불도, 아비규환도 없지만 그게 제일 큰 지옥이야. 『그리스신화』에 '다나오스'라는 왕이 있었는데 49명의 딸들이 밑 빠진 독에 물 붓는 벌을 받았어요. 첫날밤에 남편들을 살해한 죄목이지. 그 형벌이 지옥의 고통이야. 불로 지지는 고통은 육체적 감각적 고통이지. 부조리한 똑같은 일을 반복시키는 것은 가치가 없는 거야. 지옥이란…… 가치가 없는 거지. 자기가 하는 행위에 가치가 없는 거야.

『그리스신화』에 '탄탈로스 왕' 이야기가 나와요. 탄탈로스는 제우스 신의 음식을 훔쳐 먹은 죄로 채워지지 않는 '갈증'과 만족을 모르는 '허기'를 형벌로 받게 되었지. 배가 고파 과일을 따 먹으려고 하면 과일이 막 도망가. 목이 타서 물이 철철 넘치는 잔에 입을 대는 순간 물이 사라지는 거야. 욕망은 있지만, 욕망만 있고 끝없이 달성할 수 없는 것…… 그게 지옥이지. 유황불이 타는 지옥의 모습은 어쩌면 제일 유치한 것인지 몰라.

　또 이런 이야기가 있어요. 어떤 사람이 죽어 하늘나라에 갔대요. 도착하니까 어마어마한 롤스로이스 차가 마중을 나온 거야. '천국이 좋긴 좋구나' 생각한 거지. 그런데 너무 심심해서 직접 자동차를 몰려고 해도 운전기사가 '안 됩니다' 하고 말해요. 그러더니 기사가 이런 말을 덧붙여요.

　'여기에선 원하는 모든 것을 하실 수 있지만, 본인은 아무것도 할 수 없습니다. 운전을 직접 해서도, 음식을 직접 만들수도 없습니다.'

　화가 나서 '이런 놈의 천국이 어디 있소' 하고 따지니까 운전기사의 말이 이래요.

　'여태껏 천국인 줄 아셨습니까? 여기가 바로 지옥입니다.'

　우리가 꿈꾸는 천국…… 그게 지옥일지 몰라요. 먹을 게 사시사철 있고, 따뜻하고 추위도 없으며, 가만히 있어도 뜻대로 이뤄지고, 배고픔도 없는 곳…… 살아봐요, 그런 삶을. 우리가 생각하는 세속적 의미의 천국과 지옥은 없을지 몰라요. 나는 천국과 지옥이 존재하는지 모릅니다. 우리가 지금껏 알고 있는, 지옥은 이렇고 천국은 저렇다고 쓰인 것들이 진짜 천국과 지옥이라 생각하지 않아요.

천국과 지옥? 묻지 마세요. 모르는 겁니다. (사후) 영생이 있는지 없는지 모릅니다. 모르는 것을 주도하신 분이 하나님이십니다. '그래, 열심히 믿으면 내가 어떻게 변하겠지…….' 그것뿐이죠. 번데기가 훗날 나비가 될지 자기가 알아요? 내가 어머니 배 속에서 10개월이 지나 태어날지 어떻게 알아요?

우리 딸이 내게 한 명언이 있어요. '맡겨라!'

맡기면 '천국이 있느냐 없느냐', '하나님이 어떻게 생겼느냐'를 깨닫는 것이 아니라, 자기가 믿는 것을 통해 육체적인 감각으로 느낄 수 없는 '무엇'이 열립니다. 이 말은 논리로 설명할 수 없어요.

슈바이처 박사, 마더 테레사가 생전에 지옥은 어떻고, 천국은 어떻고 그런 말씀을 하신 것을 들어본 적이 있어요?

없지요? 빈자들과 함께 살며 그들과 같이 울고 같이 웃는…… 그게 신이고 종교의 시작이지 않겠어요? 테레사 수녀조차 목숨이 다할 때까지 '하나님의 영이 응답했다'고 하셨나요? '하나님의 영을 모른다'고 하셨잖아요. 자기에게

(신이) 안 보였던 거야. 그게 진짜야. 봤다는 사람이 가짜고. 그런 보이지 않는 신을 믿었고, 그래서 신의 세계로 갔을 거예요.

예수님조차 십자가에 달렸을 때, 당신이 아셨어요? '엘리 엘리 라마 사박다니'라고 하시지 않으셨나요? '나의 하나님, 나의 하나님, 어찌하여 나를 버리셨나이까' 하고 말이죠. 그러나 곧이어 예수님은 '이렇게 죽는 게 하나님의 뜻이군요. 알았습니다. 모든 게 당신 뜻대로 하소서. 모든 게 완성되었다(이루어졌다)'고 하시며 아주 평화롭게 돌아가셨죠.

피조물이 어떻게 조물주의 의사를 알아? 만든 사람만이 알지. 그걸 안다고 생각하고 설명하려 드니까 안 되는 거지. '나는 피조물입니다. 당신이 맡겨준 그대로 움직일게요. 내 의지로 자유인이 됐다고 안 할게요'라고 말해야 합니다. 어쩌면 소박한 농부가, 일자무식한 이의 신앙이 진짜 신앙이 아닐까요?

나 같은 사람은 지성(知性)도 아니지만, 어쨌든 평생 지적(知的) 작업을 하고, 원고 쓰는 사람이 예수를 믿는다? 끝난 거지. 내가 뭘 써? 쓴다면 하나님이 써주시는 것인데 누가 읽어? 사람들은 성경도 안 읽는데……. 내가 아직도 글을 쓰고 이렇게 대담하는 게 하나님을 제대로 안 믿어서 그런 것일지 몰라요. 내가 믿으면 (기자와) 대담하겠어요? 안 해요.

아직도 사탄의 유혹이 남아 있고, 선악과의 쓴맛이 아직도 목구멍에서 근질근질하니까 이런 소리를 하는 것이니까요.

고통이 더 심해져 정말 '아, 이게 끝이구나' 하면 어렴풋이나마 알게 될지 모르지만, 내가 생각하고 글 쓰고 말하는 동안은 하나님과 가장 멀리 떨어져서 영성의 문지방을 넘고 있는지 몰라요. 나보다 더한 예수님의 제자 베드로도 새벽닭이 울기 전에 세 번이나 예수님을 부인하며 도망갔는데. 베드로만큼 내가 믿어요?

그래서 나는 정치적, 종교적인 신념이 있다는 사람 곁엔 안 가요. (갔다가는) 반드시 해를 입어. 신념을 가진 사람이 죄를 지어요. 신념의 이름으로 죄를 지으니까……."

진짜 신앙인이 되는 길

– 세례를 받기 전에도 하나님 존재를 믿었던 거죠?

"성경을 읽었고, 서양 문학이 다 성경 영향에서 벗어날 수 없죠. 믿든 안 믿든 우리가 어렸을 때 읽었던 서양 문학이 다 기독교 문학이에요. 물론 기독교 문화도 지역마다, 교파에 따라 다르지만 크게는 같은 문화권이거든요.

유럽연합(EU)을 형성할 수 있었던 것도 기독교를 기반으로 했기 때문에 한 나라가 될 수 있었던 거죠. 어렸을 때 내 소양이라는 게 기독교 문명인 거죠."

– 신앙의 위기를 겪고 있는 이에게 들려주고 싶은 말씀이 있을까요?

"그 위기를 넘어서야 진짜 신앙이 시작되는 겁니다. 예수님도 악마의 유혹을 받으셨어요.

천한 비유인지 모르지만, 시골에서 전혀 남자를 모른 채 살아와 정절을 지킨 여인이 있어요. 그 여인이 순결을 지켰다고 할 수 있나요? 도시로 나와 거친 남자들 속에서 지키는 순결이 진짜 순결이지 않을까요? 고통과 혼란스러움의 유혹을 견디고 나서야 비로소 신앙을 시작하는 것이고, 거기서 지면 이제껏 믿었던 신앙은 신앙이 아닌 게지.

예수님 역시 악마에게 세 가지 유혹을 받으셨죠.

'네가 만일 하나님의 아들이어든 명하여 이 돌들이 떡덩이가 되게 하라.'

물질적 유혹이자 경제문제를 해결하라는 유혹이었어요. 오늘날, 돌을 빵으로 만드는 것을 기적이라 생각하는 사람들이 죄다 경제학자들이죠. 또 정치를 하며 혁명을 꿈꾸는 자들이죠.

또 '네가 만일 하나님의 아들이어든 뛰어내리라 기록하였으
되 저가 너를 위하여 그 사자들을 명하시리니 저희가 손으로
너를 받들어 발이 돌에 부딪히지 않게 하리로다 하였느니라'.

하나님의 아들이라면 높은 탑에서 떨어져도 천사들이 손
으로 받쳐줄 것이란 유혹입니다. 그런데 생각해보세요. 내가
능력이 있는데, 이 능력을 증명하려고 상대에게 보여줘요?

어느 유명한 목사님이 치유의 힘을 가졌어요. 앉은뱅이를
일어나게 했어요. 신자들이 하나님의 권능이라 생각하며 그
목사님을 믿겠어요? 사람(목사)의 권능을 믿는 거지요. 권능
의 주체인 하나님을 믿는 게 아닙니다.

그러니까 예수님은 나병 환자를 깨끗하게 하신 뒤 '아무에
게도 말하지 않도록 조심하여라'라고 하셨잖아요. 어쩌면 당
시 예수님은 기적 한 방으로 모든 이가 당신을 믿게 하실 수
있지 않았겠어요?

'만일 내게 엎드려 경배하면 이 모든 것을 네게 주리라.'

그러자 예수님은 이렇게 말씀하셨어요. '사탄아 물러가라.
성경에 기록되어 있다. 주 너의 하나님께 경배하고 그분만을
섬겨라'라고요.

오늘날 교회나 신자들은 이 세 가지 유혹을 이기는 경우가
별로 없어요. 유혹이 뭔지 아세요? 유혹은 99%의 사람이 가

장 옳다고 믿는 겁니다. 예수님만이 그 유혹을 이기신 거지. 그 후로 누구도 넘지 못했어요.

이 세상에 돌멩이로 떡을 만들어주는 교회가 얼마나 많나요. 홈리스에게 옷 주고 음식 나눠주는 게 종교의 본질인 줄 알아요. 사람이 빵만으로 살 수 있는 줄 알아요. 영원히 죽지 않는 떡을 주는 게 '미션'인데…… 배고픈 이에게 말씀 대신 빵을 나눠주려는 건 사회주의잖아요. 여기 죽지 않는 빵이 있는데, 그 빵 대신 먹는 빵을 가지고 믿는 거야. 그걸 아는 교회가 몇이나 되고 그걸 아는 목사가 몇이나 되는지 묻고 싶어요."

─ 예수님은 인간이십니까, 신이십니까.

"인간의 몸으로 태어나셔서 인간을 벗어나신 것이죠. 세 가지 유혹을 인간은 이길 수 없고 오직 예수님만이 가능했어요. 그래서 그리스도교를 믿는 거야. 그렇지 않으면 스탈린을 믿고 링컨을, 박정희를 믿어야지요. 지상에서 천국을 만들 수 있다면 왜 종교를 믿어요? 우리가 사는 이 세계가 실낙원이고, 우리가 원죄를 지었다는 게 메타포인 거야. 그걸 인정하지 않으면 종교를 믿을 수가 없어요. 다만, 하나님의 메시지를 본받아 인간이 구빈관(救貧館)을 세우고 복지사회를 만들며 불목(不睦)한 이들을 단합시키는 것, 잇츠 오케이 (It's okey)죠. 하지만 그 과정이 거기서 끝나면 아무것도 아니라는 것이지. 그게 전부라고 생각하는 것은 유혹의 시험에서 떨어지는 거야. 그건 종교가 아닌 것이죠. 그 과정을 넘어야 해요. 하나님의 말씀이 없는 경제, 하나님의 권력이 없는 인간의 권능, 하나님의 전능함이 없는 지상의 전능…… 지상의 왕, 그것만으론 안 된다는 거지."

　나의 아버지와 이어령 선생님의 호적상 생신이 같다는 사실을 우연히 알게 되었다. 그런데 두 분 다 실제 생신은 다르다. 아버지는 1932년생, 선생님은 1933년생이시다.

　며칠 전 아버지가 쓰러지셨다는 연락을 받았다. 두 번째 뇌경색이셨다. 병원에서 폐렴, 패혈증까지 찾아왔다. 어머니가 돌아가시고 20여 년간 비교적 건강하셨다. 한두 달에 한 번씩 경주에 계신 아버지를 찾아뵙는 일이 얼마나 행복했던가, 생각해본다. 지난 늦가을, 아버지와 시골 목욕탕에 가서 온탕에 앉아 서로를 바라보았다. 목욕 후 아버지가 포카리스웨트 한 캔을 사셨다. 우리는 반씩 나눠 마셨다. 아버지와 다시 그 목욕탕에 가서 포카리스웨트를 나눠 마실 수 있을까.

이어령 선생님을 찾아뵙고 말씀을 경청하던 시간이 꽤 길었다. '죽음'이라는 저 깊디깊고 호락호락하지 않은 주제를 붙잡고 선생님의 오랜 고뇌를 들을 수 있었다. '죽음'은 선생님의 신앙과 연결된 것이어서 당신 내면의 소리, 울림을 가까이에서 들을 수 있었던 운명에 깊이 감사드린다. 천금 같은 말씀을 문장으로 옮기는 작업이 어려웠으나 그분은 타고난 이야기꾼이자 시인이셨다. 같은 표현도 더 빛나게 만들 줄 아셨다. 그러나 선생님 건강이 해마다 점점 나빠지는 모습을 가까이에서 지켜봐야 했다.

이병철 회장의 다섯 번째 질문인 '신이 인간을 사랑했다면, 왜 고통과 불행과 죽음을 주었는가?'를 앞에 두고 생각하고 또 생각한다. 두 분에게 기적 같은 일이 일어났으면 좋겠다. 기적처럼 건강이 회복되면 얼마나 좋을까. 그런 희망으로 기도한다.

사실, 예수님조차 "아버지, 아버지 어찌하여 저를 버리셨나이까?" 하고 울부짖으셨다. 그러나 그 고통의 신비 속에서 부활이 일어났다는 사실을 성경을 통해 확인한다. 눈이 있어도 보지 못하고 귀가 있어도 듣지 못할 뿐, 우리가 깨닫지 못하는 부활이 지금도 일어나고 있음을 믿는다. "하느님의 존재를 확인하는 유일한 인간의 능력은 믿음뿐"이라는 조규만 신부(천주교 원주교구장)의 말씀도 되새겨본다. C.S. 루이스는『피고석의 하나님』이란 책에서 기적이란 "전 세계에 너무나 큰 글씨로 적혀 있어 일부 사람들은 보지 못하는 이야기를 작은 글씨로 다시 들려주는 일"이라고 말했다. 어리석은 바람일지라도 두 분에게, 이 책을 읽는 모든 독자에게 믿음의 '작은 글씨'가 또렷이 보였으면…….

2021년 12월

김태완

메멘토 모리

초판 1쇄 발행 2022년 1월 24일
초판 3쇄 발행 2022년 10월 13일

지은이 이어령
엮은이 김태완
펴낸이 정중모
펴낸곳 도서출판 열림원

출판등록 1980년 5월 19일(제406-2000-000204호)
주소 경기도 파주시 회동길 152
전화 031-955-0700
팩스 031-955-0661   페이스북 /yolimwon
홈페이지 www.yolimwon.com   트위터 @yolimwon
이메일 editor@yolimwon.com   인스타그램 @yolimwon

주간 김현정   마케팅 홍보 김선규 최가인
편집 조혜영 황우정 최연서   온라인사업 서명희
디자인 강희철   제작 관리 윤준수 이원희 고은정 원보람

ⓒ 이어령, 2022

ISBN 979-11-7040-074-5 04100
       979-11-7040-073-8 (세트)